JN173316

ネパールの人身売買サバイバーの当事者団体から学ぶ
――家族、社会からの排除を越えて

Learning from a Human Trafficking Survivors'Organisation in Nepal:
Overcoming Social Exclusions from Families and Societies

Masako Tanaka
田中雅子／著

Sophia University Press
上智大学出版

目　　次

第 1 部　ネパールにおける人身売買

第 1 章　世界の状況　　*14*

第 2 章　ネパールにおける課題と対応　　*21*

第2部　当事者団体の活動

第６章　当事者団体の特徴を生かした活動　*118*

第7章　人身売買サバイバーの当事者団体から学ぶこと *154*

■図目次

はじめに

1）背　景

　「性暴力」や「女性や子どもの貧困」が取り上げられる機会が増え、貧困や暴力は遠い国の話ではなく、日本国内にも共通する身近な課題であることが、少しずつ知られるようになっている。しかし、その深刻さに焦点を当てるだけでは、被害に遭った当事者にスティグマを与え、力なき被害者というイメージを強化してしまう。課題の解決に取り組む支援者は、当事者とどのように付き合い、どう行動すべきか、また、それを支える社会はどうあるべきかといった示唆が求められている。

　日本は、米国国務省が毎年刊行している『人身売買報告』で、「問題を放置している国」に分類されている。しかし、人身売買は、貧困にあえぐよその国で起きているといった理解が一般的であり、日本国内に被害者・加害者が存在することはあまり知られていない。性的搾取を伴う人身売買の被害者の多くは女性であり、日本国内に5万人以上いると言われる。しかし、日本でこの問題を語るとき、被害に遭った当事者がその場にいることは稀である。被害を乗り越えたサバイバーの声が届きにくいことが、日本におけるこの問題への取り組みを難しくしている。

　サバイバー（当事者）が、被害者の保護や防止活動に関与することが、人身売買の問題解決にとって有効であることは『人身売買報告』でも言及されている。しかし、日本では被害者としての経験があることを明かして活動することは極めて難し

い。過酷な実態や、被害を乗り越えるまでの困難について、直接、被害者の声に耳を傾ける機会に乏しい。大学の授業で人身売買や性暴力の問題を取り上げると、「自分は同様の体験がないので、何も知らなかった。自分のような一般の人に被害体験を伝えるために、被害者は頑張って声を上げてほしい」と学生がコメントをすることがある。率直な感想であろうが、被害に遭った人に、さらに心理的な負担をかけて語らせなければ、気づかないという社会の側の問題が想起されていない。当事者が声を上げにくい理由や、それが可能な支援環境をつくっていない自分自身を含む社会の側に目を向ける必要がある。しかし、筆者自身の力量不足もあり、そこまで理解を深める授業を展開できていない。2016年、日本でもアダルトビデオへの出演強要問題をきっかけに、性的搾取に遭った当事者が実名で被害を語り、出演者の権利を守る団体が設立された。ようやく当事者の権利が注目されるようになったが、同時にこうした動きへのバッシングもある。今後、当事者団体が認知され、運動の中心を担うようになるのか、日本の社会は転換点にある。

2）目的と概要

　本書は、日本で上記のような問題意識を共有する人たちと共に、「ネパールの事例から日本の私たちが学ぶ」ことを目的にしている。日本におけるネパールの一般的なイメージには、エベレストをはじめとするヒマラヤの山々と、世界文化遺産に指定された中世の寺院などの観光地といった光の部分と、紛争や貧困、2015年の大地震による被害など影の部分があるだろう。人身売買の被害者や、歓楽街で働く女性、移住労働先から帰国

した女性たち、寡婦、セクシュアル・マイノリティなど多様な特徴をもつ当事者、特に女性たちがそれぞれの課題解決のために当事者団体を設立し、法改正のためのロビー活動など市民運動をリードしていることはあまり知られていない。彼女たちが直面する問題は、社会に影を落としているが、彼女たちの取り組みは、ネパールに希望をもたらす光でもある。

　ネパールにおける人身売買について、インドの買春宿に少女たちが売られていることが1980年代より世界で報じられ、90年代に入ると日本語の書籍でも紹介されるようになった。しかし、被害に遭った女性や少女たちの置かれた状況の悲惨さに重点が置かれ、被害を乗り越えたサバイバーたちの暮らしや、その力強い運動については、ようやく注目され始めたばかりである。

　本書は、2013年度にアジアのノーベル賞と言われるマグサイサイ賞を受賞したシャクティ・サムハ（*Shakti Samuha*）を取り上げる。団体名は、ネパール語で「力強いグループ」を意味する。人身売買サバイバーの女性たち自身が、世界で最初に設立した当事者団体として、家族や地域社会からの排除など、社会的スティグマに苦しむ女性たち自身の権利の回復や人身売買撲滅を目指して国内外で活動している。本書は、外部者主導の支援団体とは異なる当事者団体としての特徴に着目し、特に人身売買の被害に遭った人たちが、社会から排除された状態を乗り越え、再統合を果たしていく過程での役割を紹介し、私たちが学ぶべき点を引き出すことを目的とする。

　筆者は1995年から2009年までの間、二度にわたり、のべ10年間ネパールで暮らし、国際協力の実務と現地の市民運動に関わった。シャクティ・サムハの中心メンバーとは、設立当

初から交友関係を築き、首都圏だけでなく、農村に住むメンバーを訪ねて交流を深めた。当事者団体としての役割を分析し、ネパールの非政府組織（Non-Governmental Organisation: NGO）や他国に拠点を置く国際 NGO、女性運動のグローバル・ネットワークによるシャクティ・サムハに対する支援について研究し、成果を博士論文にまとめた。本書では、博士論文では取り上げなかった個人のライフストーリーを中心に構成し、団体としての特性についても書き改めた。

　ネパールであれ、日本であれ、人身売買や性暴力によって社会的スティグマを抱えた当事者が声を上げにくい理由のひとつに、身近な存在である家族や地域社会との関係の難しさが挙げられる。被害に遭った人を最も近くで支えるのは家族だと思われがちだが、被害に遭った自分の娘や姉妹、妻の痛みを共有できる家族ばかりではない。人身売買や性暴力の被害に遭うのは、本人に落ち度があったからだと考え、家族にとって不名誉な存在であるとして、被害者を拒絶することがある。家族に受け入れられない場合、地域社会に戻ることも難しい。また家族が受け入れても、地域社会から家族全体が差別されることを恐れて、もとの生活には戻らない選択をすることもある。こうした複雑な事情を抱えている場合、被害者とその家族や地域社会との関係の修復には、家族以外の者の仲介が必要になる。従来、これは専門知識をもつ者の役割だと考えられてきたが、自身も被害の経験をもつ当事者であれば、一層効果的である。当事者が個人的に関与するだけではなく、同じ体験をした仲間が組織として社会的に認知されれば、被害者に対する直接支援だけでなく、課題解決にとって不可欠な法制度改革に向けた政策

提言も可能になる。

3）構　　成

　本書は、ネパールにおける人身売買の問題について学びたいという人のための第１部と、当事者団体について深く知りたいという人のための第２部に分かれている。

　第１部の第１章では、人身売買をめぐる近年の世界の状況を概観し、人身売買問題を考える中で当事者の視点を取り入れたアプローチとは何を意味するのか、当事者団体に注目する理由を述べる。第２章では、ネパールの概要、人身売買をとりまく歴史と、被害者の保護や法制度整備などの人身売買対策への取り組みを紹介する。第３章では、異なる体験をもつシャクティ・サムハのメンバーふたりのライフストーリーから、どのような被害に遭い、どのようにそこから逃れ、家族や社会に受け入れられたのか、あるいは排除されたのか、その状態をどう生き抜き、乗り越えたのかを詳述する。この章は、第１章や第２章を読んでいない人でも当事者の経験を読者が追体験できるように書いた。さらに、ふたりのストーリーから考えるべき点を挙げ、人身売買対策がそれほど単純ではないことを示した。

　第２部では、まず第４章で、シャクティ・サムハの団体としての概要と、当事者団体がどのように結成され、活動を展開させてきたのか、その軌跡を紹介する。第５章は設立の中心を担ったメンバーと、その伴走者である職員のライフストーリーから、彼女たちがシャクティ・サムハにどのように貢献したかと同時に、シャクティ・サムハで働くことが彼女たち自身の尊厳の回復にどのように役立ったのかを詳述する。第６章では、

人身売買問題に関する現場での活動について、シャクティ・サムハの当事者団体としての特性に触れながら紹介する。第7章では、シャクティ・サムハの事例から私たちが学べることとして、当事者団体の特徴、それを支援する外部者の役割、当事者団体としての課題について最後に述べて、本書のまとめとする。

　なお、人身売買は、女性や少女だけではなく、男性や少年も被害者になり得る。実際に強制労働などにおいては男性の被害者も少なくない。しかし、本書が取り上げるシャクティ・サムハは、被害に遭った女性や少女を活動の担い手、また支援の対象としているため、取り上げる事例は女性と少女に絞った。また、ネパールのメディアで実名を公表しており、かつ、本書でも実名を使用することを許可したメンバー以外は仮名を用いた。

　人身売買の被害に遭った女性たちのライフストーリーを通して、読者のみなさんが彼女たちの人生を追体験し、被害の実態や、それを乗り越えることの困難を理解し、当事者を中心に据えた支援の重要性を理解するために本書を活用してほしい。

第1部

ネパールにおける
人身売買

第1章

世界の状況

▌1.1　人身売買とは

　アフリカ大陸から欧米への奴隷貿易に代表される、金銭の授受を伴う「人の売り・買い」には、世界各地で長い歴史があるが、それらが人権侵害として認識され、禁止のための国際規範ができたのは、20世紀に入ってからである。

　1949年に「人身取引及び他人の売春からの搾取の禁止に関する条約」が、1956年には「奴隷制度、奴隷取引並びに奴隷制度に類似する制度及び慣行の廃止に関する補足条約」が、それぞれ制定されたが、1990年以降に人の移動が活発になり、人身売買の形態やルートが複雑化した。国境を越えた人身売買は、犯罪組織の収入源となることから、政府、国際機関、NGOなどが連携して取り組むべき地球規模の課題となった。人身売買とは、暴力など強制的な手段を通じて、自由を奪い、搾取する行為を指す。性的搾取も含むが、強制的な売春だけが人身売買ではない。国際労働機関（ILO）の推計では、2014年現在、世界で2,090万人が被害に遭っており、その不正利益は3兆円にのぼる[1]。中でもアジア太平洋地域は、最も深刻な問題を抱える地域である。

　2000年11月、国連総会は「国際的な組織犯罪の防止に関す

る国際連合条約を補足する人（特に女性及び児童）の取引を防止し、抑制し及び処罰するための議定書」（The Protocol to Prevent, Suppress and Punish Trafficking in Persons, Especially Women and Children, Supplementing the United Nations Convention against Transnational Organised Crime、以下「人身取引議定書」）を採択した。この議定書は、「人身取引」を下記のように定義している。

(a)「人身取引」とは、搾取の目的で、暴力その他の形態の強制力による脅迫若しくはその行使、誘拐、詐欺、欺もう、権力の濫用若しくはぜい弱な立場に乗ずること又は他の者を支配下に置く者の同意を得る目的で行われる金銭若しくは利益の授受の手段を用いて、人を獲得し、輸送し、引き渡し、蔵匿し、又は収受することをいう。搾取には、少なくとも、他の者を売春させて搾取することその他の形態の性的搾取、強制的な労働若しくは役務の提供、奴隷化若しくはこれに類する行為、隷属又は臓器の摘出を含める。

(b)(a)に規定する手段が用いられた場合には、人身取引の被害者が(a)に規定する搾取について同意しているか否かを問わない。

(c)搾取の目的で児童を獲得し、輸送し、引き渡し、蔵匿し、又は収受することは、(a)に規定するいずれの手段が用いられない場合であっても、人身取引とみなされる。

1　ILO (2014) Profits and Poverty: The Economics of Forced Labour 〈http://www.ilo.org/wcmsp5/groups/public/---ed_norm/---declaration/documents/publication/wcms_243391.pdf〉2016 年 4 月 18 日閲覧。

　(d)「児童」とは、18 歳未満のすべての者をいう。

（外務省訳）

　日本政府は、国際組織犯罪の対策にあたって国際社会との協調行動をとりやすいという理由から Human Trafficking もしくは Trafficking in Persons の訳語として「人身取引」という表現を用いている[2]。しかし、2000 年にこの議定書が採択される以前、社会で脆弱な立場にある人たちを売買する行為は、日本語で「人身売買」と呼ばれ、女性に対する性的搾取などの暴力を伴う行為を指すことが多かった。人身売買禁止ネットワークなど、この問題に取り組んできた市民社会組織は、金銭や経済的利益のために人間を売買する搾取の構造を連想させる「人身売買」という表現を用いてきたが、近年、市民社会組織側も日本政府の表現に合わせて「人身取引」と改める傾向が見られる。在日米国大使館は、米国国務省発行の報告書の訳を 2015 年まで『人身売買報告』としていたが、2016 年より『人身取引報告』と名称を変更している[3]。

　本書が取り上げるネパールでは、*maanaba bechabikhan*（ネパール語で「人の売買」）と表現されており、被害者の大半が占める女性に対する暴力の問題の一形態として理解されている。本書の執筆にあたり、あらためて日本語でどちらの表現を使用するか検討した。ネパール語の語感がより「人身売買」に

2　人身売買禁止ネットワーク　人身取引／人身売買に関する用語。〈http://jnatip.jp/about/〉2016 年 11 月 27 日閲覧。
3　米国大使館ホームページ〈https://japanese.japan.usembassy.gov/j/p/tpj-20160801-01.html〉2016 年 11 月 7 日閲覧。

近いこと、「人身取引」という用語が日本で定着しつつあるものの、「人身売買」という言葉の意味がわからないという人は少ないであろうことから、以下、本書では、法律や条約名の日本語訳以外では「人身売買」という表現を用いる。

　人身売買問題に対する取り組みには、様々な方法がある。2011 年に国連の人身売買特別報告者が専門家会議に提出した文書では、国際的な人権規範を重視した「権利に基づくアプローチ」（Rights-Based Approach: RBA）を提唱し、次の取り組みを奨励している[4]。頭文字をとって「5 P」と呼ばれるのは、刑事司法と人権保護に関する、被害者の保護（Protection）、加害者の訴追（Prosecution）と処罰（Punishment）、防止（Prevention）、国際協力の推進（Promoting international cooperation）と協働（Partnership）の 5 つである。「3 R」としてまとめられているのは、救済（Redress）、被害からの回復（Recovery）と再統合（Reintegration）といった被害者支援の分野である。また、人身売買の問題に取り組む組織の育成や支援環境づくりに関連することは、基盤の強化（Capacity）、協力（Cooperation）、調整（Coordination）の「3 C」で表されている。

　世界各国で「5 P・3 R・3 C」のキーワードが定着しているわけではないため、後段で人身売買問題への取り組みを紹介する箇所では、ネパールで一般的に用いられている方法で整理する。ただし、5 P にある加害者の摘発や訴追中心の取り組みから、3 R の被害者支援へと転換が図られ、さらに、それらを効

4　〈http://www.ohchr.org/Documents/Issues/Trafficking/Geneva2011
　ConceptNote.pdf〉2016 年 11 月 7 日閲覧。

果的に実施する組織の育成や支援環境に目を向ける３Ｃの重視は、ネパールにおける人身売買問題への取り組みの変遷と合致している。

▌1.2　サバイバーの当事者団体への着目

　シャクティ・サムハ（*Shakti Samuha*）を設立したメンバーは、自身を「サバイバー（Survivor）」と呼んでいる。サバイバーとは、「生き延びた人、困難を切り抜けた人」という意味で、暴力などの被害を乗り越えた人たちが用いる自称である。自らを「被害者」ではなく、サバイバーと呼ぶ背景には、人身売買による被害は、長い人生の中での一時的な体験であり、それをすでに乗り越えたにもかかわらず、被害者として固定的なイメージで見られることに対する当事者としての抵抗がある。したがって、本書では、引用元の資料でvictim と記されている場合や、被害によって生じた問題を乗り越えていない状態を指すときなどに限定して被害者という用語を用いる。

　当事者団体とは、英語で Identity-Based Association と呼ばれるもので、性別、セクシュアリティ、障害や土地の権利の有無など、出自や特定の事情によって権利が剥奪されている人びとが、共通の課題解決や集団的アイデンティティによる結びつきを求めて設立した団体を指す。団体の会員に限定したサービスだけではなく、権利の回復を求めるための法改正など、直接組織に参加していない非会員にとっても効果のある取り組みを行っている。町内会など地理的な結びつきによる住民組織（Community-Based Organisation）や、相互扶助だけを目的と

した自助組織（Self-Help Group）とは区別される。民間団体であるという意味で、自らをNGOと称することもあるが、自らの課題解決を出発点として集まった当事者自身によって結成されており、他益性を重視する一般のNGOとは異なる。民族団体、セクシュアル・マイノリティの団体、障害者団体などが例として挙げられる。

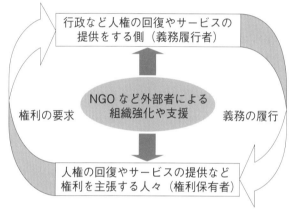

図1　権利に基づくアプローチ（RBA）における関係者の役割
（Theis 2004などをもとに筆者作成）

　当事者団体の活動の多くは、人権の回復や、行政サービスへのアクセスの保障など、権利の主張によって実現される。したがってRBAを組織の指針としている団体が多い。RBAとは、「権利が守られていない状態」であることを問題の出発点としてとらえ、そのために誰がどのような役割を果たすのかを明らかにし、それを可能にするための支援を行う手法である。図1に示すように、権利の回復のために活動する当事者団体は、権

利を要求する側、すなわち権利保有者（Rights holder）と位置
づけることによって、課題の分析や取り組み方法を明確化でき
る。RBAにおいて、人権の回復やサービス提供をする行政な
どは義務履行者（Duty bearer）に位置づけられ、権利保有者
と義務履行者がそれぞれ期待される役割を果たす環境をつくる
ことが外部から支援する者の役割である。本書で扱うのは、外
部者ではなく、当事者を中心に据えた人身売買問題への取り組
みを加速化するために、被害を受けたサバイバーが設立した当
事者団体であり、その活動はRBAに依拠している。

第2章

ネパールにおける課題と対応

▌2.1　ネパールの概要

　ネパールは、世界最高峰のエベレストや釈迦の誕生地ルンビニなど、平和を連想させる観光資源に恵まれている。しかし、1990年の民主化後に制定された憲法によって、多民族・多文化国家であることが保証されたものの、実態としての差別は続き、その結果、貧困や格差が解消されなかったことに対する人びとの不満が増大した。1996年に始まったネパール共産党毛沢東主義派マオイストによる人民戦争の構造的要因のひとつは、1963年に改定されるまで国法「ムルキアイン」で法制化されていた性別・民族・カーストなど出自による差別である。ヒンドゥの上位カーストと下位カーストの間に、「ジャナジャティ」と総称されるネパール語を母語としない諸民族を位置づけ、上位にある者が下位の者を支配すること、また家父長制的な枠組みのもと、女性は男性に従属することを定めていた。法改定後も人びとの意識は容易には変わらず、差別の構造も温存された。

　10年に及ぶ武力紛争を経て、2006年に包括的和平合意が結ばれ、その後、ヒンドゥ宗教国家から世俗国家へ、立憲君主制から共和制へ、単一国家から連邦国家へ、上位カーストによる

支配から民族・カースト・出身地域などによる差別なく、多様性が尊重される社会的包摂の実現へと、複合的な変革を進めている。2015年9月20日に連邦民主共和国憲法が公布されたが、同年4月の大地震の影響もあり、その後も政治的には不安定な状況が続いている。紛争や自然災害は、若者の移住労働を加速化させ、外貨送金によって経済指標は上向きになっているものの、農村と都市の格差は一層拡大している。社会保障制度が十分でないゆえ、家族や親族がセイフティネットである。「自分が海外から送金することで親に楽をさせたい」という孝行心が、男女を問わず、若者を移住労働へと促している。

2.2　移住労働と人身売買

　ネパールで人身売買が広がった背景には、移住労働の歴史が影響していると考えられる。インド大陸を東インド会社が支配していた頃から、イギリスの傭兵として働くネパール人はグルカ兵として知られており、ネパールにおける移住労働の歴史は長い。耕作に適した土地が乏しい丘陵地帯では、19世紀以前から、現在のブータンやインドのダージリン、シッキム方面への様々な形態での移住が行われていた。ネパールの人びとは、昨今のグローバル化以前から、移住労働を生き延びるための選択肢のひとつとしてきたのである。

　2011年の国勢調査によれば、約2,600万人の人口のうち7.24％が不在者[5]で、近年ではマレーシア、カタール、サウジアラビア、アラブ首長国連邦、クウェートが渡航先の上位を占める。過去最高を記録した2013/14年度には、男性490,517人、

女性 29,121 人の計 519,638 人がネパール政府労働雇用省の外国雇用局から就労許可証を取得して国外へ移住し、警備員や建設労働者、家事使用人などとして働いている（GON/MLE 2016: 7）。中東の空港や米軍基地の後方支援拠点で働くネパール人の中には女性もおり、自分や家族のための移住労働はタブーではなく、むしろ親から期待されている[6]。

　数年間不在であっても、十分な蓄えと外の世界で学んだ知識を得て戻った者は、受け入れられる社会である。しかし、村の名士となって各種委員会で活躍する人の多くは、男性の退役軍人などで、長年家事使用人等として働いて帰国した女性たちが、その経験を活用してリーダーシップをとる例は都市の一部でしか見られない。

　移住労働に対して、ネパールのすべての民族・カーストが同様の考えをもっているわけではない。平野部タライのムスリムのコミュニティでは、男性の移住は多いが、女性は少ない。また、移住労働が広範に行われている地域でも、渡航先で従事していた仕事によっては帰国後に排除の対象となる。例えば、日本に移住し、屠畜解体や精肉業に従事していた人は、ネパールの家族に仕事の詳細は伝えていないことが多い。したがって、移住労働も渡航先での仕事によっては、家族との再統合や地域

5　渡航先によっては後述の就労許可証は不要であり、政府が海外移住者数のすべてを把握する手段はない。国税調査時の「不在者」が、海外移住者の総計に最も近い。

6　筆者が 1990 年代に調査を行ったスクォッター居住区から、仕事を求めて中東諸国に移住したまま 10 年ほど戻らない女性たちが数多くいる。彼女たちの多くは自分の選択というよりも「親や家族の期待」が渡航の動機であると説明している。

社会への復帰が難しい場合がある。その最も顕著な例が、性労働に従事させられた女性たちであり、家族から拒絶され、社会から排除されやすい。

　ネパールの場合、人身売買問題がメディア等で取り上げられるようになるまで、*maanaba bechabikhan*（人身売買）というネパール語はあまり普及しておらず、他者によって売られ、連れて行かれた先で搾取された者でも、「（家を離れて）働きに行った」、「仕事のために外に行っていた」という認識が一般的であった。自分の経験を人身売買と呼ぶことを知ったのは、当事者団体の職員と出会ってからだと語る人もいる。同じような体験をしたシャクティ・サムハの当事者グループのメンバー同士でも、自分を「人身売買の被害者」と紹介する人もいれば、「移住労働からの帰国者」と自称する人もいる。彼女たちにとって、移住労働と人身売買の境界は明確ではなく、渡航期間中、自分の身に起きたどのような出来事を重視するかによって解釈は異なる。

▌2.3　被害に遭った女性が体験する家族や社会からの排除

　人身売買によって連れて行かれた先で性暴力を受けたり、買春宿で性的搾取に遭い、最も傷つくのは女性や少女たち自身である。しかし、彼女たちが罪を犯したわけではないにもかかわらず、「汚れた存在」として貶められる。ネパールにおける女性の自殺に関する調査報告によると、人身売買の被害が女性に与える社会的スティグマは極めて大きく、自殺要因のひとつとして挙げられている（Pradhan ほか）。

　家族は、被害者に最も近い存在として、被害者を守ることが期待されている。しかし、家族によっては、娘や妹、あるいは妻が人身売買の被害に遭ったことにより、自分自身の名誉も穢され、周囲からの差別の対象になった、つまり被害に遭ったのだと考え、被害者を排除することがある。こうした事情から、帰還後の家族との再結合は容易ではない。

　ネパールにおける家族の絆の強さは、困窮に陥ったときの助けにもなるが、逆に、家族の名誉を汚すような出来事に直面したときに家族や地域社会から受ける制裁は厳しい。人身売買の被害に遭った女性たちやその家族は、本人に落ち度があったと考えがちで、家族にとって不名誉なことをしたと、とらえがちである。家族による拒絶は、地域社会からの排除も意味し、とりわけ性規範から逸脱した女性にとって、家族や地域社会との関係修復は難しい。民族や宗教によって性規範は異なるものの、ヒンドゥ教の影響は強く、処女神への信仰が残る。性について語ることはタブー視され、女性が性暴力や性的搾取の経験を語ることは少ない。

　人身売買により性的搾取を受けた女性の社会的スティグマを研究しているミナ・ポウデル[7]は、人身売買された女性は *izzat*（ネパール語で「名誉」、「（社会での）価値」）[8]がなくなり、その結果、社会から拒絶（*bahishkar*）されると説明している（Poudel 2011）。女性は父、夫、息子のために尽くさねばならな

7　1990年代以前から人身売買問題に取り組む活動家で、女性に対する暴力や保健分野で活動するNGO、在ネパール米国大使館人身売買問題担当官を経て、2016年現在、国連機関職員としてアフガニスタン在勤。
8　アラビア語のizzahを語源とする言葉だが、南アジアでは宗教を越えて用いられている。

いが、「汚れた」存在になったことで、その務めを全うできなくなり、本人の名誉や価値が失われるとする。家族に対して負っている責任や役割が異なる男性の場合は、仮に同じような体験をしても、*izzat* を失うことはない。地域や場所によって、被害を受けた女性と家族との関係は異なるが、人身売買の被害に遭った体験を他者に知られた状態で、従来通りの暮らしに戻ることが難しいのは、民族やカーストを問わず、ほぼ同じである。

2.4　インドからの一斉帰還

　ネパールの女性や少女がインドの買春宿に売られるようになったのは、1951年に鎖国状態が解かれ、インド国境地帯との往来が盛んになってからだと言われる。1980年代に入るとWHOが、急速にHIV感染が広がるインドとの往来が多いネパールでもエイズの流行が懸念されると発表した。人身売買によってネパールの女性や子どもが送られる先は、インドだけでなく国内にもあり、職種も多様だったが、1990年代は、人身売買と言えば「インドの買春宿に売られる」というイメージが出来上がり、エイズと関連づけて語られた。

　1996年2月、インドのムンバイにあった買春宿から、ネパール、バングラデシュ、インド各地出身の少女たち500人ほどが警察に救出された。その半数以上がネパール出身だったが、ネパール政府は受け入れを拒んだ。理由として、帰還に関する方針をもっていないこと、市民権証をもたない彼女たちが、ネパール国民である根拠が不明であることを挙げた。また、当時

のネパール政府関係者らは、救出された少女たちが HIV に感染していると疑い、彼女たちの帰還によってネパールで感染が拡大することを恐れていたのも理由である。これは後に彼女たちが排除される大きな原因のひとつとなった。すぐに帰還できなかった彼女たちは、それから半年近くムンバイの拘留施設に留め置かれた。

　ネパールの NGO は受け入れの意思を示したが、インドのマハラシュトラ州高等裁判所は、救出された少女の受け入れは、ネパール政府によってなされねばならないという命令を出した。それ以前にも、ムンバイで救出されてネパールに帰国した女性や少女たちはいたが、組織的な救出の取り組みはなく、政府は関与していなかった。

　カトマンドゥに拠点を置くネパールの現地 NGO は、救出された少女たちはネパールから送り出された市民であり、家に帰る権利があると主張した。ムンバイの拘留施設の環境が劣悪で、そこで亡くなった少女がいることや、30 人以上が逃げ出したという情報が流れるにつれ、ネパールの現地 NGO は危機感を募らせ、6 月には受け入れの準備を整えた。マハラシュトラ州高等裁判所は、政府を介した帰還にこだわったが、最終的に現地 NGO を通じた帰還以外に方法がないことを認めた。裁判所長官自ら少女たちと面談し、現地 NGO が社会復帰を助けることを条件に帰国を許可した。最終的に、128 人が 9 月にネパールに帰国した。このとき一斉に帰還した少女たちの有志が、後にシャクティ・サムハを設立した。

2.5　NGO による人身売買問題への取り組み

　帰還した女性や少女たちを受け入れたのは、ABC ネパール[9]、
CWIN[10]、マイティ・ネパール[11]、ナバジョティセンター[12]、
シュリ・シャクティ[13]、WOREC[14] など7つの現地 NGO[15] であ
る。これらの団体は人身売買の被害に遭った女性や少女に対し
て、帰還（Repatriation）から、再結合（Reunification）、再統
合（Reintegration）、回復（Rehabilitation）への一連の支援を
行った。その活動資金は、外国の教会系組織など各 NGO がそ
れぞれのパートナーから調達した他、ネパールに事務所を開設

9　Agroforestry, Basic Health and Cooperative Nepal は、1987 年に活動を
　開始し、民主化以前から人身売買問題に関わる女性支援 NGO。〈http://
　www.abcnepal.org.np/〉2016 年 11 月 27 日閲覧。

10　Child Workers Concerned Centre in Nepal は、学生運動に関わってい
　た大学生らが中心となって 1986 年に活動を開始した児童労働の問題に
　取り組む NGO。〈http://www.cwin.org.np/〉2016 年 11 月 27 日閲覧。

11　Maiti Nepal は 1993 年に設立された人身売買問題に特化した NGO。
　〈http://www.maitinepal.org/〉2016 年 11 月 27 日閲覧。

12　Nava Jyoti Centre は Sisters of Charity of Nazareth がネパールで開設し
　た研修所。同会は 1979 年からネパールで活動している。〈https://
　scnfamily.org/home/nepal/〉2016 年 11 月 27 日閲覧。

13　Shtrii Shakti は、1991 年に設立されたジェンダーと開発に関するコン
　サルタント業務を主に行う NGO。〈http://shtriishakti.org/〉2016 年 11
　月 27 日閲覧。

14　Women's Rehabilitation Centre は、1991 年に設立された女性支援
　NGO。多くの当事者団体の育成に関わる。WOREC が関わった人身売
　買サバイバーの再統合事業は、1958 年にドイツのカトリック教会によっ
　て設立された MISEREOR の資金助成を受けた。〈http://www.
　worecnepal.org/〉2016 年 11 月 27 日閲覧。

15　残る一つの Shanti Punasthapana Kendra については、現在、情報が得
　られない。

しているセーブ・ザ・チルドレン・ノルウェー[16] などの国際NGO が提供した。

　彼女たちの帰国に際して「エイズを持ち込んだ少女たち」という否定的なイメージがメディアによってつくられた。現地NGO の関係者たちは、少女たちを「本人の意思に反して買春宿に送られた罪のない被害者」として扱い、彼女たちが汚名を着せられることがないよう努力した。しかし、メディアや社会に浸透した「ボンベイ帰りの少女たち」[17] に対する否定的なイメージを変えるのは容易ではなく、家族のもとに帰っても、近隣の人から受け入れてもらえないという問題があった。心に傷を負い、汚名を着せられ、家族からも勘当同然の扱いを受けた彼女たちが、再び家族のもとに戻るという望みを叶えることは現実には困難で、先の見通しはまったく見えなかった。村に帰らない選択をする者、また一度帰っても、再び仕事を求めてカトマンドゥに戻る者もいた。彼女たちには、家族や出身地域以外で、生活再建の場が必要だった。

　現地 NGO 7 団体は、それぞれ異なる特徴をもっていたが、少女たちが自分の経験を生かして社会復帰する方法を探った点は共通している。人身売買の被害者支援では最大規模の活動をしているマイティ・ネパールは、帰る場所のない少女たちを、国境付近で運営する一時宿泊施設（トランジット・ホーム）の

16　Save the Children Norway は 1990 年代初頭から人身売買問題に取り組んでいた。2010 年に Save the Children International に統合後、2012年末をもってシャクティ・サムハへの支援を一旦終了したが、2015 年に再開している。

17　ムンバイは 1995 年にボンベイから名称変更しているが、ネパールではしばらくボンベイの呼称が一般に用いられていた。

ボランティアとして採用した。彼女たちの任務は、国境を越えようとする少女と仲介人を監視して引き止めることで、後に有給職員として雇用された。行き場のなかった彼女たちは、安全な場所が提供され、新たに「尊敬できる職業」に就くことができたことを誇りに感じた。1990年代の前半から当事者自身の参加を尊重した活動を行っていたWORECは、HIV感染者の女性を健康教育の担当者として雇用した。また、被害者に対して人権に関する研修を行うことで、後述する当事者団体結成のきっかけをつくった（Tanaka 2016）。

　帰還した少女たち自身と、受け入れたNGOの努力によって、その後人身売買の被害に遭った少女たちのイメージは修正されていったが、NGOが提供した仕事に就いた者や「少女売買の語り部」となった者はわずかであり、大半の少女たちは「人身売買被害者のアイコン」とはならなかった。ネパールに帰還して研修を受け、新たな機会を得ることを選択せず、帰還前に逃げてしまった少女も少なくなかった（Fujikura 2003: 29）。彼女たちが置かれた状況下では、理想と現実のギャップは大きく、彼女たちの期待通りに経済的な自立を果たし、家族から認められることは稀である。帰還後も再び搾取や暴力に遭う女性は跡を絶たない。こうした被害を防ぐべく、国境での監視システムや村での啓発活動によって未然に防止するメカニズムが導入されているが、女性自身の選択による移動の自由や、自己決定権の尊重という視点から見ると、移住労働を選択する自由を侵害することはできない。人身売買と移住労働の境界は曖昧で、切り離して考えることは困難である。WORECなどのNGOは、女性たちの移住労働を選択する権利を認め、渡航や契約に関す

る十分な情報提供をし、危険から身を守るすべを伝えることを
前提とした「安全な移住」の推進を、人身売買対策の一環として
行っている。

▌2.6　米国国務省『人身売買報告』にみるネパール全体での取り組み

　ネパールでは、政府よりも NGO による人身売買問題に対す
る取り組みが先行しているが、法制度整備においては政府の役
割が大きい。ここでは、米国国務省が発行している 『人身売買
報告』（Trafficking in Person Report）を参考に、ネパール全体
での対策の進捗をみる。
　『人身売買報告』は、2000 年に米国で人身売買被害者保護法
（Trafficking Victim Protection Act: TVPA）が制定された翌年の
2001 年から毎年発行されている。世界各国の人身売買対策に
ついて、「加害者の訴追」（Prosecution）、「被害者の保護」
（Protection）、「人身売買の防止」（Prevention）の 3 つの観点か
ら過去 1 年間の進捗を評価し、政府に対する提言を付記してい
る。2016 年版では、世界 188 ヵ国を取り上げている。
　評価は、高いものから順に「Tire1」、「Tire2」、「Tire2 Watching
List」、「Tire3」の 4 段階に分かれている。「Tire1」とは、深刻
な人身売買の禁止、処罰に対する取り組みなど米国の TVPA
の最低基準を満たしている国である。ただし、人身売買がない
状態ではない。「Tire2」とは、最低基準を満たしていないもの
の対策への努力をしている国である。「Tire2 Watching List」と
は、人身売買対策を強化しているものの、最低基準を満たさず
国内に多くの被害者がいる、もしくは増加傾向にある国、また

は前年と比べて対策強化ができていない国である。「Tire3」とは、最低基準を満たさず対策への努力がまったく見られない国を指す。米国の外交や貿易による利害がこうした格付けに影響を与えているという批判もあるが、世界各国の人身売買対策の取り組みを毎年確認できるという点では、貴重な資料である。

　ちなみに、日本は2004年に一度「Tire2 Watching List」に評価が下がったが、2001年から2016年まで「Tire2」の状態である。JKビジネスや買春ツアー、技能実習生に対する搾取の問題が指摘されている。目立った取り組みがない点を、厳しく評価されていることがわかる。

1）全般的な状況

　ネパールは、男性、女性、子どもを問わず、強制労働や性的搾取を含む人身売買の被害者の出身地、つまり「送出国」である。また、他国の出身者が別の国に送られる際の「通過国」でもある。さらに、他国の出身者が目指す「目的国」という側面ももっている。例えば、近年、中国系の女性・少女が歓楽街で働かされているという報道がある。またネパールの女性や少女は、国内のマッサージ店などの風俗産業で人身売買の被害に遭っている。

　強制労働に関しては、男性だけでなく女性や子どもも多く被害に遭っている。例えば、国内では、子どもたちが、家事労働やレンガ工場、またザリと呼ばれるサリーの刺繍工場で強制労働を強いられ、時に職場で虐待も受けている。また国外では、インドやカタール、クウェートなどの中東諸国の他、中国、香港、韓国などの東アジア、マレーシアなどで、建設労働者、工

場労働者、家事労働者、物乞い、そして性産業の労働者として搾取されている。多くの場合、強制労働は高い手数料を要求するネパール国内の人材派遣会社や斡旋会社によって仕組まれている。派遣会社を頼り、インド経由で渡航するネパール人は正規の書類を持っていないことが多く、弱い立場にあるため、人身売買の被害に遭うリスクが高い。

2）主な取り組み

ネパールは2005年版で一度「Tier1」の評価を得たが、2001年版から2016年版まで「Tire2」の状態が続いている。2004年に、133件の人身売買事件が訴追され、32件に対して有罪判決が言い渡されたこと、ネパール警察が15郡に女性と子どものためのサービスセンターを設置したこと、人身売買の危険が高い26の郡で人身売買警戒委員会を組織したことなどが2005年の高い評価につながった（USDOS 2005）。

2005年には、計347件が裁判にかけられ、新規に73件が起訴された。その結果78人の加害者が有罪判決を受けたが、220件は係争中であった。加害者訴追が順調に進んでいながら、第2ランクである「Tier2」へと評価が下がった背景には、インド国境付近での収賄によって人身売買に手を貸したとされるネパール政府職員に対する調査及び告訴に関する証拠を政府が提出しなかったことが挙げられる。また、484件にのぼる人材斡旋会社に対する訴えを受けて政府が調査を行ったものの、109社が業務停止になっただけで、ネパール政府は、人身売買に関わっていた斡旋会社を刑事訴追しなかった。こうした例を踏まえて、法の執行の強化が改善点として指摘されている（USDOS

2006)。

2006 年には警察の女性担当課（Women's police cell）を 22
郡に設置し、人身売買の被害者支援の拠点とした。政府は、被
害者に対して直接の法的支援は行わないが、地方の NGO に少
額の資金を提供し、社会復帰や医療支援を含む被害者支援活動
を強化した（USDOS 2007）。

2007 年に、ネパール政府は人身売買及び移送（管理）法（Human
Trafficking and Transportation（Control）Act: HTTCA）を施行
した（巻末資料の日本語訳参照）。この法律はすべての人身売買
の形態を含み、人身売買をした者に対する懲役を 5 年から 20
年と定めている。国外で人身売買の被害に遭ったネパール国民
の救出、人身売買被害者の家族との和解や社会復帰、その過程
を支えるための社会復帰センターや基金の設立に関する項目が
含まれていることは評価されたが、被害者個人の情報や安全性
などに対する配慮は十分でなく、犯人逮捕のための調査に被害
者が協力しづらいこと、また、財源確保の問題から、実効性に
乏しいという批判がある。またこの法自体が周知されておら
ず、人身売買の被害者であるはずの女性が売春の容疑で逮捕さ
れるという事件が多発した（USDOS 2008）。

被害者保護の分野では、2008 年から、被害者を保護するため
に NGO が運営するシェルターに対して、政府が資金提供を始
め（USDOS 2009）、翌 2009 年、女性・子ども社会福祉省は、
人身売買を含む暴力を受けた被害者のために 15 の緊急シェル
ター設置計画を進めた（USDOS 2010）。さらに 2011 年には、
同省が NGO の助言を得て「被害者ケアに関する最低基準」と
「シェルター運営ガイドライン」を作成した（USDOS 2012）。

その後も、政府は NGO が運営するシェルターへの資金提供を続けている。

2015 年 4 月と 5 月に発生した大地震によって甚大な被害が出た地域では、人身売買のリスクが高まった。人身売買斡旋業者は、ソーシャルメディアを駆使して女性や子どもを連れ出そうとした。政府の役人の中には、賄賂を受け取って虚偽のパスポート申請に手を貸した者もいたが、女性・子ども社会福祉省は、地震直後より、地方の NGO などとも連携して情報伝達の仕組みを工夫し、人身売買の防止に努めた。また、人身売買の被害者支援基金が迅速に活用できるよう、その運用ガイドラインの見直しを行った。ネパール政府は紛争や自然災害などによって人身売買のリスクが高まる要素が多い中、長年にわたって努力を続けているが、人身売買及び移送（管理）法によって処罰された者はごく一部に過ぎない。移住労働が加速化し、悪質な人材斡旋会社による詐欺や強制労働の強要に絡んだ事件も起きているが、それらに対する処罰は不十分である（USDOS 2016）。

ネパールの国家人権委員会は、2005 年より『ネパールにおける女性と子どもに関する人身売買報告』を隔年で発行しており、人身売買問題のモニタリングには一定の責任を果たしている。その報告書を見ても、移住労働に絡んだ問題に関する記述が増加している。それに伴い、男性被害者の保護、また現在一つしかない男性も保護できるシェルターの必要性が議論されている。こうした状況の変化に、政府の対策や諸制度が追いついているとは言えないが、隔年であれ、国家人権委員会が NGO からも情報を集めて記録を公開している点は評価できる。

3）多様なアクターの貢献

　『人身売買報告』は、国別評価以外に、人身売買撲滅のために特別な貢献をした人を「現代の奴隷制廃止のために闘う英雄」として選んでいる。2016年までにネパールからは4組が選出されている。

　2008年、最初に選ばれたのは、エスター・ベンジャミン記念基金のビム・ラマ、ガネシュ・シュレスタ、クマール・ギリの男性3人からなるレスキューチーム（The Esther Benjamin's Memorial Foundation Rescue Team）である。同財団は、イギリスに本部のあるエスター・ベンジャミン財団の現地パートナーで、インドのサーカスで働かされていたネパールの少女たちの解放に貢献した。ビムら3人からなるチームは、2004年から2008年の間、危険を顧みず40回もの救出劇を指揮し、280人の少女をインドのサーカス団から救った。彼らは、ネパールの少女たちをサーカスに斡旋する業者を見つけ出し、少女たちを送り出す仕組み、すなわち、サプライチェーンを調査することで、負の連鎖を断ち切ることに尽力した。その結果、6人の男を逮捕し、彼らを20年の実刑に処することにつながった（USDOS 2008）。

米国国務省から「現代の奴隷制廃止のために闘う英雄」に選ばれたチャリマヤ・タマン
（2011年、ワシントン、本人提供）

　2011年には、シャクティ・サムハの設立メンバーであるチャリマヤ・タマンが選ばれた。彼女は16歳で人身売買に

巻き込まれ、1996年に22ヶ月の買春宿生活から救出された。十分な支援環境が整っていなかった1997年、ネパールで被害を受けた当事者として初めて、地元の警察を通じて事件を訴え、8人の加害者に対して有罪判決を勝ち取っている。その後、シャクティ・サムハのリーダーとして、人身売買対策には当事者の参加が不可欠であることを主張し、自身も国家人身売買撲滅委員会の委員を

米国国務省から「英雄」に選ばれた裁判官テク・ナラヤン・クンワル
(2014年、ラリトプル)

務めていることが評価された（USDOS 2011）。彼女のライフストーリーは、第5章第1節で詳述する。

　2014年には、被害者を中心に据えた人身売買対策がまだ浸透していない頃から、被害者の立場を重視し、初めて政府に賠償金を支払わせることに成功したマクワンプル郡地方裁判所の裁判官テク・ナラヤン・クンワルが選出された。彼は、裁判の過程で人身売買の被害者に負担がかかることを考慮し、裁判日程を選択できるようにした。また、被害者が長時間、裁判所で待たされる時間を短縮し、裁判過程を被害者にわかりやすく説明するよう工夫した。こうした配慮は被害者を中心とする対策の見本となり、2013年には、ネパール法務協議会から最優秀判事賞を受賞している（USDOS 2014）。

　2016年には、人身売買を含む女性や子どもに対する犯罪への捜査に長年貢献したことが認められ、バクタプール郡の警察本部長キラン・バジュラチャルヤが選ばれている。彼女は、地

元のレストランやホテルでの人身売買の被害者の捜査や、犯罪対策マニュアルの作成、基本的人権や警察官としての倫理、ジェンダー平等などが、警察官育成カリキュラムや研修教材に明示されるよう尽力した。さらに 2013 年から 2015 年にかけて、国境を越えた犯罪を捜査し、前年 1 件にとどまっていた人身売買事件を 14 件も立件した。その結果 10 人の暴力常習犯を含む犯人の逮捕に成功した。2016 年現在、警察署長となった彼女は、現代の奴隷制のような人身売買の温床になっているレンガ工場で働く女性に対して、人権などに関する啓発や研修を行うと同時に、人身売買される人が乗車している可能性の高いバスを監視するためにチェックポイントを設け、人身売買の防止策を講じている。その行動力はネパールの大統領からも評価され、勲章が授与されている（USDOS 2016）。

　最初に選ばれた 2 組は NGO 関係者だが、レスキューチームの 3 人は被害者を支援する側であり、チャリマヤ・タマンは、被害に遭った当事者団体のリーダーとして異なる役割を担っている。テク・ナラヤン・クンワルは司法の場で、またキラン・バジュラチャルヤは捜査を行う警察という立場から、被害者の保護と加害者の訴追に尽力している。筆者は 2014 年、チャリマヤと一緒に、すでにラリトプル郡裁判所に異動していたテク・ナラヤン・クンワルを訪れたことがある。彼は、マクワンプル郡で実践していたことを新たな任地でも取り入れており、さらに発展させようとしていた。ネパールの人身売買対策の課題は山積しているが、当事者中心のアプローチをとることについて、関係者の合意と協力があることが「英雄」として選出された 4 組の活動からわかるのではないだろうか。

2.7　現状と課題

　村での啓発や国境での監視など、多様な活動が行われるように
なったとはいえ、依然としてネパールの人身売買問題は深刻
である。10 年に及ぶ内戦がもたらした治安の悪化や経済の停
滞、平和構築後の国家再建の遅れによって、移住労働は男女と
もに加速化し、また渡航先が多様化したことで、90 年代よりも
問題は複雑になっている。高等教育を受けた男性が渡航先で人
身売買の被害に遭っていることも報告されており、1996 年の一
斉帰還の際につくられた「人身売買の被害者は純朴で、教育を
受けていない貧しい村の少女たち」というイメージにはおさま
らなくなっている。ネパール国家人権委員会の報告書は、2014
年発行分までは『ネパールにおける女性と子どもに関する人身
売買報告』という表題だったが、2016 年発行分より『国家人身
売買報告』と改称され、移住労働に関する記述が増えている。
　実数を把握するのは不可能なため、警察や人身売買問題に関
わる団体への聞き取りからまとめた推計値でしかないが、国家
人権委員会が 2016 年に発行した報告書によれば、2014 年から
2015 年にかけての 1 年間で、途中で人身売買の被害から逃れ
た人が 9,000 から 9,500 人、実際に被害に遭った人は 8,000 か
ら 8,500 人、2015 年 4 月の大地震から 3 ヶ月間で 15 ％程度、
被害件数が増えたと言われている（NHRC 2016: ix）。
　実際に被害に遭った人よりも、途中で被害を逃れた人の数の
ほうが多いことから、人身売買対策に取り組む団体が効果的な
活動をしていることがわかる。それでもなお、年間 8,000 人以

上が被害に遭っており、災害など人道的危機下で人身売買が急激に増えていることは軽視できない。ネパールにおける人身売買撲滅までの道のりは、まだ遠い。

第3章

サバイバーのライフストーリー

　人身売買の被害に遭った女性たちは、どのような家庭に生まれ、どんな体験をしてきたのだろうか。ここでは、ふたりのサバイバーの生い立ち、被害に遭ったときの状況、被害から回復する過程を紹介する。ひとり目は、マクワンプル郡の村で、被害経験を公表して活動しているフルマヤ・チュミ[18]、ふたり目は、村で被害に遭い、首都のカトマンドゥ本部で職員として勤務した後、日本に留学したラクシミ・プリである[19]。ふたりは共に1984年生まれで、シャクティ・サムハのメンバーだが、被害や回復の状況は異なる。筆者は、彼女たちと数年来の付き合いがあり、信頼関係を築き、この本で実名を公表して良いと許可を得た。

　本書の執筆にあたり、あらためてインタビュー内容を確認し、ストーリーの一部を追記してもらったところ、最初に聞いた話と、本人が後年書いたライフストーリーに食い違いも見ら

18　2012年10月14日、2014年3月20日、2016年8月24日のマクワンプル郡ハディコラ村での本人へのインタビューと、Oliveira（2014）から再構成した。

19　2000年頃までネパールから日本への留学は、首都圏の富裕層などに限られていた。しかし、近年、ネパール全土から日本の語学学校への留学者が急増しており、移住労働との境界が曖昧になっている（佐野・田中2016）。シャクティ・サムハのメンバーの中には、米国に移住した人もおり、ラクシミの例は決して特殊ではない。

れた。その理由として、ライフストーリーは英語で書かれ、イ
ンタビューはネパール語で行われていたため、使用言語によっ
て説明が違ったことが挙げられる。また、話をするたびに一部
の記憶が強調され、逆に話さなくなった点もあると考えられ
る。ただし、人身売買の被害に関する経緯と、被害からの回復
過程の大筋に変わりはなかった。

　彼女たちのライフストーリーから、まずは人身売買の被害に
遭うとはどういうことか、被害から回復するためにどんな困難
を乗り越えたのか、その過程で彼女たちが何を考えたのかを追
体験してもらいたい。

▌3.1　村に戻って活動を続ける─フルマヤ

1）インドのサーカス団へ

　1984年、私はマクワンプル郡ハディコラ村で農業を営む両
親のもと、兄ひとりと、妹と弟がふたりずつの合わせて7人
きょうだいの長女として生まれました。一度も学校には通わ
ず、小さい頃は妹や弟の世話に明け暮れました。

　11歳になったとき、8歳と7歳の妹たちと一緒にサーカスに
連れて行かれました。私たち3人は当時のことをはっきりとは
覚えていないのですが、両親もサーカスに娘を送ったら、そこ
で勉強もさせてもらえるとだまされて、娘を送り出したようで
す。8歳の妹とは同じサーカスに連れて行かれましたが、末の
妹だけ別のサーカスに送られてしまいました。

　インドのサーカスに到着した初日、初めてショーを見まし
た。その翌日から、演技の特訓が始まりました。最初に教わっ

たのは「フラ・フープ」[20] でした。朝6時から昼ごはん時まで
練習を続けました。サーカスで、ごはんは食べさせてもらえま
したが、とてもおいしいとは言えませんでした。私はひと月
25ルピー[21] をもらっていましたが、日雇い労働の1日あたり
の日当より少なく、給料と呼べる額ではありませんでした。

　サーカスは同じ場所に何日も滞在することなく移動し続ける
ので、自分がどこにいるのか知るすべがありませんでした。毎
日3回ショーがあり、その合間にも練習があるため、休む時間
はありません。あるとき、妹の具合が悪くなって吐血しました
が、サーカスのオーナーは病院に連れて行ってくれず、薬も自
分たちで買わねばなりませんでした。

　演技の練習中、私たちはよく殴られましたが、小さい女の子
たちはけがをさせられるようなことはありませんでした。ま
た、私くらいの年齢の女の子は、オーナーの身体をマッサージ
するように命じられました。彼の妻がいないとき、私たちに性
的ないたずらをすることもありました。

　私たちは、他の子どもたちと一緒に逃げようとしたことがあ
りましたが、すぐに見つかってしまいました。連れ戻された
後、手が腫れ上がるまで殴られて、私たちは手でごはんを食べ
ることもできませんでした。そして、10年間の契約で連れて来

20　人が直径1メートルほどのプラスチック製の輪に入り、腰や首など体
　の部位を使って回す演技。
21　彼女がインドで働いていた1997年当時の為替レートは1ルピーが
　3.33円。25ルピーは83.25円。この年の首都デリーでの非熟練労働者の
　法定最低賃金が月給1,784ルピー、日給換算で81ルピーであったこと
　を考えると、いかに低額であったかがわかる（Universal Law Publishing
　2016: iv）。

られたので、その間は逃げられないと言われました。

　ある日、サーカス団がネパール領内に来ていることを父が知り、会いに来てくれました。しかし、すぐには解放してもらえませんでした。父は、自分の娘ふたりがサーカスで働かされていると警察に通報しましたが、オーナーは 10,000 ルピーと、残りの契約期間中に年間 5,000 ルピーを父が払わなければ私たちふたりを帰すことはできないと言いました。父は山羊を 4 頭売って 15,000 ルピーを工面して私たちを自由にしてくれました。

　3 年間サーカスにいた私は、ショーで着る衣装以外の服を持っていなかったので、戻ってから 1 年間は衣装を着て過ごしました。私はすでに 14 歳になっており、小学校に通う年齢は過ぎていて、恥ずかしいと思ったので、学校には行かず、両親の仕事を手伝いました。17 歳で親が決めた相手と結婚し、18 歳で娘を生みました。

2）学びの場と出会う

　20 歳になった 2004 年、地元の女性 NGO の紹介で人身売買の被害に遭った人たちが結成したシャクティ・サムハと出会いました。早速メンバーになり、活動に参加するようになりました。月 1 回は郡庁所在地のヘタウダで開かれる会合に参加しますが、それ以外のときは自分の村でできることをしています。

　まず、収入向上プログラムの一環でローンを借りて、自分で商売をしました。2012 年に 25,000 ルピー（23,000 円相当）を借り、そのお金を元手に鶏や山羊を飼い、卵や肉を売って返済しました。翌年には 35,000 ルピー（32,800 円相当）を借りて、

自宅の1室で化粧品
やアクセサリーを売
る店を始めました。
村にはこうした商品
を扱う店がないの
で、女性たちに喜ば
れました。

　2013年には識字学
級にも通いました。

識字学級で学ぶフルマヤ
（左から二人目、2014年、マクワンプル）

同じ集落で、私と同
じように学校に通ったことのない女性と、途中で退学して勉強
を続けられなかった女の子たち合わせて25人が登録していま
す。家族の食事の後片づけを終わらせた朝10時過ぎから、授
業が始まります。10年生まで学校に通った、近所の若い女性
が先生です。みな、授業を楽しみにしていますが、子どもの世
話や家の農作業で忙しいせいか、全員が揃うことは少ないで
す。この識字学級に通うのは、私と同じように人身売買の被害
に遭った女性と、被害に遭う可能性のある女の子です。しか
し、誰が実際に被害を経験しているかといったことはお互いに
聞きません。

　最初の6ヶ月は基礎ネパール語のコースで、ネパール語やヒ
ンディ語に使うデバナガリ文字の読み書きを習いました。私は
タマンという民族なので、母語はネパール語ではありません
が、子どもたちは、公立の学校で、ネパール語で授業を受けて
います。ネパール語の読み書きを習ったことで、子どもの宿題
を見てあげることができるようになったことが嬉しいです。銀

45

行の窓口で自分の名前を書いたり、通帳に書いてあることも理解できるようになりました。

　次の8ヶ月は上級ネパール語コースで、前のテキストよりは難しい文章を読むことと、簡単な計算ができるように算数を習いました。最後の7ヶ月は基礎英語のコースでした。私の村ではどの家族も誰かが国外に出稼ぎに行っているので、みんな、外国にいる家族にメッセージを送るために英語のアルファベットの読み書きができるようになりたいと思っています。また、私立の学校では、子どもたちは英語で授業を受けているので、英語の読み書きもできないといけない時代だと思います。

　合計21ヶ月間、ネパール語や英語の読み書きとは別に、女性の人権について解説した副読本を使って、様々な権利について学びました。結婚するときには役所で登録して証明書を発行してもらう必要があるとか、夫から暴力をふるわれたら、警察に通報できるといったことを初めて知りました。もちろん、人身売買が罪であることや、出稼ぎで国外に行くときにどんなことに気をつけなければいけないかといったことも学びました。一緒に学んだ仲間たちと、村の女性みんなの人権を守るために「ハディコラ女性の権利保護委員会」を結成しました。これまでにドメスティック・バイオレンスに悩む女性、夫を失って寡婦になった女性などの相談にのっています。ときには仲裁のために、委員会のメンバーでその女性の家に行ったり、警察に行くのに付き添うこともあります。

　識字学級に通っていた若い女の子の中には、正規の学校に編入するという目標をもっていた子もわずかにいましたが、大半は、日々の生活の中で読み書きや知識を生かすことが目的でし

た。識字学級のメンバーを中
心に、グループで貯金を始
め、今では信用貯蓄組合を運
営しています。自分たちで議
事録をつけたり、利子の計算
をすることにも自信がもてる
ようになりました。識字学級
のコースを修了してからもこ
うした活動を続けていること
を誇りに思います。

自宅で近況を語るフルマヤ
（2016 年、マクワンプル）

3）地域で生きる

　2016 年現在、夫の祖父母、母、夫の妹、13 歳で 8 年生の娘
と、8 歳で 3 年生の息子の 7 人で暮らしています。2015 年 4 月
25 日の大地震で私が住んでいた家は倒壊し、しばらくテント
で暮らしました。地震後しばらくは、倒壊をまぬがれた近所の
家に避難させてもらいました。しかし、地震によって日雇い仕
事を失った夫が怒りっぽくなり、近所の人たちの前でも性交渉
を求めてきたり、私に嫌がらせをするのでとても困りました。
ずっと避難生活を続けることもできないので、夫にインドに出
稼ぎに行くよう勧めました。地震から 1 年が経った頃から、夫
はインドの鉄工所で働いています。毎月 500 ルピー（日本円で
480 円ほど）送金してくれます。結婚以来、私が家計を支える
ことが多かったので、夫も自分が家計に貢献できることが嬉し
いようです。

　今は、実家の父が廃材で造ってくれた小屋で暮らしながら、

化粧品も少し仕入れて並べています。政府の被災者認定は受けているので、最初に 15,000 ルピー（日本円で 14,500 円）の見舞金を、また冬に入る前に越冬費用として 10,000 ルピーをもらいました。その後、住宅再建資金の一部として 50,000 ルピーも支給されました。住宅再建資金は合計 200,000 ルピーが給付される予定ですが、それだけではとても足りません。まもなく二度目の冬が来るので、その前に住宅を再建できると良かったのですが、難しそうです。家を再建する際には、お店のスペースも確保して、早く化粧品の販売を全面的に再開したいです。

　災害後は、人身売買のリスクが高まると聞いていたので、3ヶ月間、女性たちの相談にのるカウンセラーとして働きました。これまで人権に関する研修を受けていたことが役立ちました。13 歳になる娘は、「知恵のある少年・少女グループ」という名の思春期グループに入って、村で人身売買防止の啓発活動に参加しています。娘たちの世代は、私たちの活動から学んで、自分たちにできることをしようとしています。今でも私たちの村には、少女たちをインドに連れて行こうとする者がやって来ることがあります。最近も、国境まで連れて行かれてから NGO によって保護されて戻ってきた子がいました。人身売買は、決して過去のことではありません。私自身、今も人にだまされるのではないかという不安があります。

　私はサーカスに売られ、実家に戻ってからも親や家族を助けるために働きました。村で暮らす以外の選択肢を考えたことはありませんでした。幸い村の様々な活動に出かけて行っても、人身売買の被害に遭ったことが理由で差別されたり、排除されたことはありませんでした。地域の社会には再統合されたと

思っています。ただし、夫との間には、大変な思いをすること
がたびたびありました。結婚しなくても再統合できたのではな
いかと思うこともあります。それでも、自分が委員会で活動し
たり、お店をやったりできるのは、家族からの協力が得られて
いるからと言えるでしょう。

3.2　村を出て新たな社会で生きる―ラクシミ

1）親孝行をしたくて

　1984 年、私はネパール中西部丘陵地帯のサルヤン郡の村で、
農業を営む両親と弟妹 4 人の合わせて 7 人家族の長女として生
まれました[22]。父はアルコール依存症、母は結核を患っており、
ふたりともほとんど働くことができませんでした。ペンやノー
トを買うお金にも困るほどで、いつまで学校を続けられるだろ
うかと、悲嘆に暮れていました。少しでも家計を楽にしたい
と、いつも考えていました。

　15 歳になり、学校で 9 年生に進級した頃、「インドのムンバ
イに行けば、高い給料をもらえる仕事がある」と言う男に声を
かけられました。「両親の許しを得ないといけないから」と
言って断ろうとしました。しかし、彼は「誰かにこんな話をし
たら、君のほうが困ることになるよ」と言いました。なぜ親に
も相談してはいけないのか、その男の言うことが理解できませ
んでした。最初は、彼について行く気はなかったのですが、家

22　ここでは 2008 年のインタビューメモと、彼女自身が 2009 年頃に書い
　たライフストーリーをベースに、2016 年に追加で得た情報を加筆する。

族の貧しさを考えると、私がインドに行けば、暮らしを変えられるのではないかという気持ちが湧き起こってきました。そこで、家族には知られないようにして、彼と一緒に村を出る決心をしました。

当時、ネパールはマオイストによる内戦の最中でしたから、国内の検問所で何度も警察に尋問されました。彼は「『お兄さんと一緒にインドの病院に検査に行くところ』と答えろ」と言いました。また、インド国境に向かう途中、結婚式で着る赤いサリーを買い、私に着るように命じました。これを着ていないと国境を越えられないと言いました。私はムンバイで仕事が見つかれば、家族を助けられるという希望で胸がいっぱいで、その男の言う通りにしました。

バスでの長旅は初めてで、乗り物酔いがひどく、私はインド国境沿いの町ネパールガンジに近づいたところで、それ以上バスに乗り続けることができなくなってしまいました。ネパール側のホテルに泊まることになり、彼は私を部屋に残して出て行きました。その後、2人の別の男たちがやって来て、ひそひそ話し始めましたが、私には彼らの会話が理解できませんでした。そこで出されたお茶とビスケットに睡眠薬か何かが入っていたのでしょう、私は気を失いました。それから、私はとても表現することができないような状態になっていました。男たちは私をレイプしたのです。私が正気に戻ってから1週間、彼らは私をレイプし続けました。私は大声を上げて泣きましたが、誰も助けに来てはくれませんでした。私は神様に祈るしかありませんでしたが、その私の祈りも届かなかったようです。助けてくれる人のいない状態で、一体私は誰を頼ればよかったので

しょう？私はその男たちが私の身体に何をしようと、されるがまま、従うしかありませんでした。私は子宮に大きなダメージを受けました。後日わかったのですが、私はあのときの彼らの行為のせいで、生涯、母親になれない身体にされるという許しがたい仕打ちを受けたのです。私の人生は終わったも同然でした。

　それでも私の中には、一刻も早く、その場から逃げたいという気持ちが残っていました。男たちは、私に「泣くな」、「わめくな」、「誰にもこのことを言うな。喋ったら、その場で殺すぞ」と言って、ピストルをちらつかせながら私を脅しました。私はそのときの彼らが心底怖かったです。どうやって自分の身を守っていいのか、まったくわかりませんでした。

　ある朝、私がひとりホテルの部屋で寝ている間、彼らはムンバイ行きのバスの切符を買いに出かけました。私の身体はかなり弱っていたので、起きてもまともに歩くことができませんでしたが、なんとかホテルから逃げ出すことができました。町まで歩き、私の生まれたサルヤン郡の隣のダン郡まで行くバスを見つけました。早速乗り込んで席を見つけましたが、車掌から先に乗車賃を払うように言われました。1ルピーも持っていなかった私は、隣の席の男性に助けを求めました。私が事情を話すと、彼は私の分の乗車賃を払ってくれました。実家まで一緒に来てほしいと頼んだところ、彼は私の両親に電話をしました。電話を受けた母は、ダン郡のバス停留所まで迎えに来てくれました。

2）村から排除され、町で仲間と出会う

　実家のある村まで戻ると、村人たちは珍しいものを見るような視線を投げつけました。彼らは私を嘲笑いました。当時の村の人たちは、私のように被害に遭った少女を受け入れる準備はまったくできていなかったのです。村の人たちは、私がHIVに感染していると言いました。私はまったく悪いことはしていないのに、あたかも殺人犯であるかのように扱われました。村の人たちのそんな態度を見て、私は本当に死にたくなりました。実際に、何度も自殺未遂をしました。理不尽な世の中で生きていく希望がもてませんでした。

　私は勉強を続けたかったのですが、人身売買の被害に遭った少女には、そんな夢をもつことも許されませんでした。学校の先生たちは、私が校内に入ることも許さなかったのです。低い給料ではありましたが、地元の小さな団体で仕事を見つけることができましたが、私が人身売買の被害者だとわかると、そこも辞めさせられました。こんなふうに私の人生は辛いことばかりでした。村での暮らしにはとても耐えられず、隣のダン郡に住む母の弟の家で暮らすことにしました。叔父には最初の1年間は、人身売買やレイプのことを打ち明けることができませんでした。勉強は大好きだったので、叔父の家で暮らしながら受験勉強をし、16歳のときに中等教育修了資格（School Leaving Certificate: SLC）試験に合格しました。

　それから2年後、地元のサルヤン郡で働いていたソーシャルワーカーから人身売買サバイバーの当事者団体があると聞いて、すぐにカトマンドゥのシャクティ・サムハの本部に電話しました。集会があると教えてくれたので、カトマンドゥまで出

かけて参加しました。そこには私と同じような経験をした女性や女の子がたくさんいて、姉妹のように感じました。シャクティ・サムハの会員になり、いろいろな機会をもらいました。就労支援を

職業斡旋担当として働くラクシミ
(左、2007年、カトマンドゥ、Asha-Nepal 提供)

しているNGO[23]で研修を受け、18歳のときに、国の職業訓練機関のコンピューターオペレーター認定資格を取りました。それから2年ほど、ポカラにある職業訓練所でその資格を生かして働きました。

　いろいろな研修を受けてわかったことは、私の身に起きたことは、私のせいではないということです。私を村から連れ出した男や、レイプをした男たちが自分のために私を利用したのです。それが理解できたことで、私は、人身売買の被害に遭った女性や少女の権利のために闘うこと、また人身売買について少女たちに伝えることを心に決めました。

3）仲間のための職探し

　22歳になった2006年、私はシャクティ・サムハの本部で働くた

23　Child Welfare Scheme Nepal（CWSN）〈http://www.cwsn.org/〉2013
年9月2日閲覧。

めに、首都のカトマンドゥで暮らすことにしました。メンバーの女性たちに職業を斡旋する仕事に就きました。自分と同じような境遇にある女性たちを助けることができることを、誇りに思いました。

　これまでの経験から、自分で稼いだお金さえあれば、家族は被害に遭った女性を受け入れる可能性が高いことを理解しています。家族に受け入れられるためにまず必要なのは、自分が家族の世話にならなくても生きていけるだけの経済的な基盤を固めることです。それがあってはじめて、地域社会との再統合ができます。

　私の仕事は、人身売買の被害に遭った女性たちができる仕事が労働市場のどこにあるのか探し、就労に結びつけることでした。大きく分けると、雇用機会を提供する側への働きかけと、就労を希望する女性たちの支援の二つです。民間企業やNGOを訪問して人身売買の被害に遭った女性の境遇を伝え、求人情報をもらうこと、また商工会議所や業界団体が主催する行事に出かけて、労働市場が必要としている人材や研修について情報収集をしました。就労を希望する女性たちに対しては、まず、それぞれに適した仕事を見つけるためにひとりずつ面談をします。それから、履歴書の書き方を教え、面接の練習をし、就職が決まった人には職場での心得について助言をしました。彼女たちが採用された後も職場を訪問し、差別やハラスメントがないか聞き取りをし、フォローアップをします。さらに、企業側と就労希望者側のニーズが合っているか報告書を作って、シャクティ・サムハの社会復帰事業全体にフィードバックをするのです。

　私がこの仕事を始めた頃、すでに人身売買のサバイバーが
NGO に就職した例はありましたが、民間企業に採用された人
はいませんでした。シャクティ・サムハは人身売買のサバイ
バーが設立した団体ですと紹介した上で、企業の人事担当者と
話をするのは、とても勇気がいる仕事でした。私もサバイバー
であることをカミングアウトすることになるからです。企業か
ら求人情報をもらうには、まず自分が信用を得なければなりま
せん。そのためには、私自身の能力の高さを理解してもらう必
要があります。しかし、人身売買のサバイバーは無学であると
か、穢れた女性だという偏見をもつ人が多く、自分を理解して
もらうことは並大抵のことではありませんでした。

　私は、パソコンや英語も一生懸命勉強し、企業の人たちと一
緒に仕事をするのに必要な職業人としてのコミュニケーション
スキルを身につけるため、日夜努力をしました。鞄にノートパ
ソコンを入れ、スクーターでカトマンドゥの企業訪問をする仕
事は、とても刺激的でした。しかし、私がどんなに頑張って
も、たびたびセクシュアル・ハラスメントに遭いました。会社
を昼間訪問したときには紳士的な対応をした人が、夜になって
「妻が実家に帰っているから、自分の相手をしに家に来ないか」
と電話をかけてきたことがありました。大きな病院の事務長
が、「君もセックスワーカーだったんだろう」と言って身体を
触ろうとしました。人身売買のサバイバーに対して偏見をもつ
人の態度はなかなか変わりません。私たちサバイバーを、自分
の言いなりになる存在だと思っている人が多いのです。他のサ
バイバーが職場で同じような目に遭わないよう指導するとき
に、自分の経験を話すようにしました。それにしても、私たち

に対する偏見がなくならないことには、本当にがっかりします。

4）尽きない学びへの意欲

　カトマンドゥで暮らすようになってから、勉強を再開し、働きながら大学に進学して英語と社会学を専攻しました。しかし、村にいる家族との関係は修復できませんでした。村に戻って家族と対面することは、強いスティグマを伴うからです。私はすべてを社会のせいにしようとは思いません。カトマンドゥで私のそばにいたのは、何らかの形でシャクティ・サムハと関わりのある人たちです。一方、村で近所に住んでいた人は違うので、自分の経験を同じように共有しても、わかってもらえる可能性は低かったです。私は村に戻って理解してもらおうとは思いませんでした。だから、私は出身地の地域社会への再統合を果たしたとは思っていません。また、自分が生きている場所で確固としたアイデンティティを確保したという実感もありま

日本での暮らしについて話すラクシミ（2016年、東京）

せんでした。

　ネパールで大学に進学することができたので、次は外国の大学での学位に挑戦したいという気持ちが湧きました。それまでに研修で学んだ人権の知識を深めるために、留学したいと考えるようになりました。留学先としていろんな国が考えられましたが、日本を選びました。一つ目の理由は、2007年にセミナーに参加す

るために訪れた日本で、人びとがとても穏やかで誠実であるという印象を受けたからです。二つ目の理由は、西欧諸国と比べて女性にとって安全な国だと聞いたからです。2014年に来日後、日本語学校の2年のコースを修了し、今年から専門学校に入って観光について学んでいます。もともと日本語学校を卒業後、大学に進学することを目標にしていましたが、日本語がそれほど上達していないことと、大学の学費が高いので、断念しています。それでも日本で修士号を取りたいという夢は忘れていません。いつか叶えたいと思っています。日本語は難しくて、日本人の知り合いとはあまり親しい関係になっていません。日本に来てからの私は自分の過去を隠して暮らしています。日本の知り合いが私の過去を知ったら、どう反応するのか想像がつかないからです。日本に住んでいるネパール人の知り合いもいますが、彼らは私のネパールでの過去について知りません。そう考えると、日本よりもネパールにいたときのほうが社会に統合されていたと感じます。

　私は長い間男性を信じることができなかったので、結婚をするつもりはありませんでした。しかし、結婚は社会保障のためだと考えるようになりました。ネパールの社会では女性が結婚しないでいると、何か問題があると疑われるため、結婚しなければならないと考えがちです。女性が結婚しないと社会の目が厳しく、それに耐えられる女性は少ないので、独身を貫く人はごくわずかです。しかし、結婚は義務ではなく、選択であることにはかわりません。したがって、それは相手次第だと思います。私は、ネパールにいた頃からの知り合いで、日本に留学中の男性と結婚する予定です。彼は私の過去をすべて知っていま

すが、彼の家族は私がどんなところの出身で、どんな経験をしてきたのか知りません。それを私から伝えたいとも思いません。おそらく彼の家族は、私の過去を知った途端、態度を変えると想像がつくからです。

　私はこれからも人身売買の問題に関わっていくつもりですが、状況によって、関わり方を変える必要があるかもしれません。国を問わず、男性優位の社会では、人身売買やハラスメントによって女性や少女が被害を受け、性的快楽の対象にされています。しかも、被害に遭った女性や少女たちはスティグマから抜けられず、問題を公にできないままでいます。私が日本に長く住むことになったら、私は自分の過去を打ち明け、日本でも同じようなリスクを抱えた少女たちと働きたいと考えています。

3.3　ふたりのストーリーから考える

　ネパールの村で生まれ、人身売買の被害に遭ったフルマヤとラクシミの経験を、次の1）から5）の視点から考えてみたい。
　　1）　学校に通っていない子どもだけが人身売買の被害に遭うのか。
　　2）　親や家族との関係に問題がある子どもだけが人身売買の被害に遭うのか。
　　3）　人身売買の被害者は、みな性産業で働かされるなど、性的搾取の被害に遭っているのか。
　　4）　人身売買の被害者にとって望ましい社会への再統合とは、出身地で家族と暮らすことだけなのか。

　5）　人身売買の被害者は支援を受ける側であって、他者に支
　　　援をすることは難しいのか。

1）学校教育との関係

　子どもの頃に人身売買の被害に遭った場合「学校に行ってい
ない」ことが理由だと思われがちである。フルマヤやその妹た
ちは、確かに学校に通っていなかった。しかし、学校に通って
いたラクシミも被害に遭っている。学校に通う子どもたちは、
進級や進学の夢を叶えるために、親に頼らず自分で稼ぎたいと
いう動機が強い。その結果、「仕事がある」という誘いに乗り
やすくなる。ネパールの公立学校は、授業料は無償でも、学用
品や制服代がかかり、試験や進学のためには現金も必要であ
る。子どもが学校に通うようになれば、それだけで子どもたち
が守られるわけではないことをラクシミの例が示している。
　また、「どのような教育を受ければだまされないのか」も考
える必要がある。子どもたちに自分の権利や危険回避の方法を
教えなければ、自分の身を守ることはできないが、実践的に権
利を守る教育を学校で行っている例は少ない。シャクティ・サ
ムハなど人身売買の問題に取り組む団体の働きかけによって、
7年生の社会学・人口学の教科書で、人身売買について取り上
げられるようになった。シャクティ・サムハの職員をゲストと
して招いて、生徒に体験談を聞かせる学校もあるが、教科書に
書かれた情報を教えるだけでは不十分である。それを補完して
いるのが、学校以外の場で大人も対象にした権利教育である。
フルマヤが関わっている女性人権保護委員会や、その娘がメン
バーとなっている思春期の少年・少女グループによる啓発活動

はその一例である。自分の権利を守る教育機会の欠如は、日本の学校教育を振り返っても同じことが言えるのではないか。シャクティ・サムハによる地域社会での啓発活動については第6章第2節で紹介する。

2）親や家族との関係

　フルマヤとその妹たちは「親によってサーカスに売られた」例だと言える。当時、彼女たちの親がどの程度、サーカスの内情を知っていたのかわからないが、「親も一緒にだまされた」というのが彼女たちの理解であり、親を一切恨んでいない。村に戻ってからもさらに親のために働き、尽くしている。ラクシミも、親の飲酒や病気という問題を抱えた貧困家庭に育ち、家計のためにと思ったことで被害に遭った。フルマヤと違い、村でひどい差別を受けたために、家族と暮らすという選択はできなかったが、家庭が不和なわけではない。

　親の失業による家計困難や、親の複婚、再婚などによる家庭不和によって、家に居づらくなり、都市での暮らしに憧れて連れて行かれる少女や少年もいるが、親に負担をかけたくない、家計を助けたいという気持ちから被害に遭ってしまうこともある。ネパールの人びとの家族との絆は非常に深く、特に子どもが親孝行したい、早く稼げるようになって親を経済的に助けたいという気持ちは、現代日本の一般家庭における親子関係とはかなりの違いがある。

　家族との絆の深さは、セイフティネットとしての機能を果たすというプラスの側面がある。一方、第2章第3節で述べたように、人身売買のような出来事が起きると、家族の名誉を傷つ

けた者として家族からも排除され、スティグマを負うというマイナスの側面もある。

3）性的搾取

　ラクシミは被害体験の核が性暴力であり、途中で逃げていなければ、買春宿に売られていたであろう。自分でも「性的搾取の被害者」と認識している。一方、フルマヤは、サーカスのオーナーの身体をマッサージさせられたり、オーナーの妻が不在の折に性的いたずらをされることがあったと語っているが、「私くらいの女の子」、「私たち」として語っており、彼女自身が直接どのような体験をしたかは明言を避けている。筆者は、本人が話したいことを語ってもらうという姿勢をとったので「性的搾取」を受けたかどうか尋ねたことはない。彼女は「サーカスに売られた」ことは被害として認識しているが、自身を性的搾取の被害者とは呼ばない。あくまでもサーカスでの経験に付随した出来事としてとらえている。

　ネパールにおける人身売買については、女性や少女が買春宿で働かされたというイメージがつくり上げられているため、すべての被害者が性的搾取を受けていると思われがちである。マクワンプル郡や隣接するバラ郡には子どもの頃サーカスに売られたメンバーが多数おり、西の平野部バンケ郡とバルディア郡では、家事労働者として働きに行った中東で搾取されたという経験をもつメンバーが大半を占めるなど、地域性がある。

　人身売買の結果として強いられるのは、性産業で働くことだけでなく、家事労働、工場労働、サーカスの興行など様々である。人身売買の被害者が、すべて性的搾取を受けていると考え

るのは誤りである。しかし、人身売買によって望まない環境下で働かされた女性や少女が、雇い主や同僚、顧客から性的搾取を受けるリスクが高いことは留意する必要がある。

4）再 統 合

　人身売買の被害者を支援する団体は、被害者が出身地の家族のもとに帰って暮らすことを「再統合」と呼び、支援活動の最終目的と考えがちである。フルマヤは、親によって送り出され、また親が救出した稀な例であり、家族との暮らしに戻ることは容易だった。一方、ラクシミは親に黙って村を離れ、戻ってからは、家族まで地域社会から排除されることを恐れて、村を離れることを選択した。出身地に戻ることを再統合と考える団体にとって、フルマヤは「成功」例であり、ラクシミは「失敗」例となるが、再統合の場を出身地に限定する必要はあるのだろうか。

　ラクシミは、出身地では排除され、親の住む村は離れたが、町に出たことで同じような経験をした仲間と出会い、シャクティ・サムハで活動の場を得て、カトマンドゥでは自分の居場所を見つけた。本人の自己決定を尊重するならば、出身地とは異なる場所で人生を再建することは「失敗」ではなく、再統合の選択肢として認められるべきではないか。

5）「被害者」から「支援者」への転換

　人身売買の被害者は、心身ともにダメージが大きく、回復は容易ではない。支援団体に保護されても、そこでの環境に馴染めないなどの理由で回復に至らず、再び被害に遭う人もいる。

　フルマヤの場合、救出から帰還まで支援団体と関わることはなかった。シャクティ・サムハと出会ったのは14歳で帰還して6年も経ってからだった。それまで親のために働き、結婚し、子どもを育てていたが、自分で収入を得たり、勉強をする機会はなかった。シャクティ・サムハとの出会いによって、ようやく生活再建を開始したと言える。その後、識字学級で一緒に学んだ仲間と共に女性の権利保護委員会を立ち上げ、他の女性たちを支援する側へと変わっていった。

　ラクシミは自力で帰還し、復学した後で、シャクティ・サムハと出会っている。研修の機会を得て、職員となった軌跡は、まさに被害者から支援者への転換の一例である。

　人身売買の被害に遭った女性や少女は「弱者」ととらえられがちだが、被害者として一生を過ごすわけではない。彼女たちが「支援者」へと成長していく過程を支援することが、シャクティ・サムハの最も重要な仕事とも言える。第5章で紹介する中核を担うリーダーたちのライフストーリーからも、その過程を理解することができる。

第 2 部

当事者団体の活動

第４章

サバイバーの当事者団体シャクティ・サムハ

4.1　団体概要

　シャクティ・サムハは、2007 年の米国国務省『人身売買報告』で、人身売買の被害に遭ったサバイバーによって世界で最初に設立された団体として紹介されている（USDOS 2007）。設立当初は「ボンベイ帰りのセックスワーカー」と揶揄され、好奇の視線にさらされた彼女たちだが、差別を乗り越え、人身売買に遭った女性たちの尊厳の回復に努めた。また、その後、ネパールで人身売買以外の課題に取り組む他の当事者団体が設立されるきっかけともなった。

1）理　　念

　シャクティ・サムハとは、ネパール語で「力強いグループ」を意味する。「人身売買のサバイバーが社会で尊厳ある暮らしができるようエンパワーされること」をビジョンに掲げている。団体の使命は「人身売買のサバイバーと人身売買の危険にさらされる女性や子どもが組織化され、エンパワーされて自覚をもつことにより、人身売買に反対するキャンペーンや、脆弱な状況にある女性や少女を保護するために貢献できる」状況をつくることである。「①人身売買のサバイバーは社会の他の成

員と同等の権利を認められな
ければならない、②人身売買
サバイバーが人身売買反対運
動を主導し、自分や他者の権
利を守る、③シャクティ・サ
ムハの会員は組織のサービス
を受ける際に差別されない」
の３つの理念に基づいて活動
している。

　当事者団体でなく外部団体
として人身売買の問題に関わ

シャクティ・サムハ本部事務所
(2016 年、カトマンドゥ、Shakti Samuha 提供)

る現地 NGO や国際 NGO も類似のビジョンや使命を表現する
ことは可能だが、２つ目の理念である「人身売買サバイバーが
人身売買反対運動を主導し」という点は、当事者団体以外には
示しにくい方針である。

2）活動概要

　シャクティ・サムハが団体紹介の中で挙げている主な活動と
目的は、次の８点である。

　・人身売買サバイバーが持続的に生計を立てられるよう、収
　　入向上や技術研修事業を行うこと。

　・人身売買サバイバーに法的支援、就労支援、カウンセリン
　　グなどのサービスを提供すること。

　・人身売買サバイバーの回復や復帰の支援のために、安全な
　　シェルターと緊急支援基金を設立すること。

　・人身売買防止のために、会合やキャンペーンを通じた啓発

を行うこと。
・脆弱な女性と少女を人身売買から守るため、地方・中央政
　府ならびに国際機関との調整をすること。
・人身売買サバイバーに関するデータを更新し、活用するこ
　と。
・（人身売買に関する）法改正のためのアドボカシーとロ
　ビー活動を行うこと。
・効果的な事業実施のために職員の能力を開発すること。

　図2に示すように、2016年8月現在、首都カトマンドゥの
他、ヌワコット、ラスワ、ゴルカ、シンドゥパルチョーク、ラ
メチャップ、マクワンプル、シンドゥリ、観光都市ポカラのあ

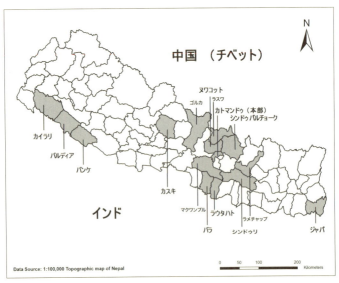

図2　シャクティ・サムハの活動郡

るカスキ、また平野部タライでは東から順にジャパ、ラウタハト、バラ、バンケ、バルディア、カイラリの計15郡[24]で事業を直接実施している。東部と中西部ネパールでは会員からなる地域ネットワークを通じて活動している。設立以来、計15,000を超える人びとに啓発を行い、人身売買のサバイバーの回復や再統合を支援している。

3）組織の体制と規模

　2016年8月現在、500名以上の人身売買の被害に遭った女性や少女が、シャクティ・サムハに登録されている。彼女たちは、シャクティ・サムハから何らかの支援を受けるか、活動の担い手として参加している人たちである。

　シャクティ・サムハの組織体制は、図3の通りである。会の運営に関わるのは、168名からなる会員で、会員総会で選出された理事が組織運営の責任を負っている。設立当初の入会規定では、人身売買に遭った女性と少女であれば、従事させられた職種は問わないとされていたが、2010年に改定され、理事は人身売買の結果、性産業に従事させられた人に限定された。改定の理由は公にされていないが、その頃、理事会内でメンバー同士の対立があったことが原因だと思われる。当時の代表は、結成期からの主要なメンバーであったが、人身売買後に従事していた職種が家事労働者であったという理由で、理事会から外れ

24　いずれも郡内全域ではなく、それぞれの郡で人身売買の被害が多い村落開発委員会（VDC）を選んで思春期の少年少女からなるグループを結成し、防止活動をしている。人身売買サバイバーの当事者については、活動対象となるVDCに居住していない場合も、地域の事務所等でカウンセリングや相談を受けることができる。

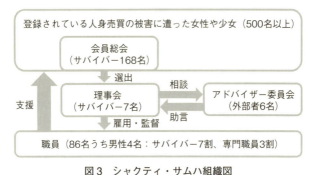

図 3　シャクティ・サムハ組織図
（2016 年 8 月現在。Shakti Samuha 2015 等をもとに筆者作成）

ることになった。

　非当事者が組織内の業務に日常的に関与していることが、組織の特徴のひとつである。当事者団体ではあるが、職員全員が人身売買の被害に遭った女性ではなく、男性や被害経験をもたない女性も関わっている。2016 年 8 月末現在、有給職員は計 86 名で、うち 7 割を人身売買のサバイバーが占め、残る 3 割は「専門職員」と呼ばれる人身売買された経験をもたない人である。専門職員のうち法的支援や広報、会計担当の計 4 名が男性である。

　国家人権委員会が 2016 年に発行した報告書によれば、社会福祉協議会に登録している NGO のうち 27 団体が人身売買問題に関する活動に取り組んでいる（NHRC 2016: xv）。これらの団体の予算総額は、2014 年度において計 4 億 5,470 万ルピー（日本円で約 4 億 5,000 万円）で、97 ％が外国からの援助である。予算規模の大きい順に CWIN（38 ％）、マイティ・ネパール（14 ％）、WOREC（10 ％）、シャクティ・サムハ（5.5 ％）、Kingdom Investment Nepal

（5％）である。シャクティ・サムハは、かつては CWIN や WOREC に保護されていた少女たちが結成した団体だが、今ではそれらの団体と肩を並べ、対等な立場で付き合うレベルにまで成長している。

4.2　設立からの軌跡

1）結　　成

　第2章第4節で述べたように、1996年にインドから一斉帰還した少女たちは、女性の健康分野で活動する WOREC など7つの現地 NGO のシェルターに入った。帰還直後は、身体面でのケアが必要とされていたが、半年ほど過ぎた1997年、WOREC が実施した人権に関する研修を受講した少女たちは、自分を責めなくてよいことに初めて気づかされた。事業の「対象」とされてきた女性自身が「主体」となる活動を目指していた WOREC の当時の代表レヌ・ラジバンダリは、受講者に自分たちの組織を結成してはどうかと提案した。研修に参加していた15名は、その助言に励まされ、シャクティ・サムハをつくった。

　シャクティ・サムハの結成には、様々な団体と個人が関わっており、特定の団体だけをその誕生と関連づけるのは妥当ではない。しかし、当事者の組織化を意識し、シャクティ・サムハが対外的な活動をするまでの間に最も関わりが深かったのは、研修受講者に組織の結成を促した WOREC である。シャクティ・サムハの設立メンバーと共に団体名やロゴを考え、活動の準備を始めるにあたって、借りていた建物の1室を提供する

など、当事者団体が安心して活動できる場づくりを行った。1997年の結成から政府への登録が完了する2000年までに、WORECが果たした役割は３つある。

　当時のシャクティ・サムハにとってWORECは、第一に「保護者」であり、独り立ちするまでの期間を見守る「インキュベーター」（保育器）のような存在であった（Tanaka 2016）。「保護者」という言葉は、当事者の主体性を尊重しない表現に見えるが、社会的スティグマをもつ当事者の人権を守るためには、安全の確保や安心して活動できる場の提供が必要である。人身売買のサバイバーというだけで、シャクティ・サムハに集う女性たちは好奇の目にさらされ、外から建物の中を覗き込んで彼女たちの写真を撮ろうとする者が跡を絶たなかった。WORECの職員は好奇心だけでシャクティ・サムハを訪れようとする者から彼女たちを守るため、面会に立ち会うこともあった。設立当時シャクティ・サムハで活動した女性たちにとってWORECは安心できる場であり、今もWORECのことをネパール語で「実家」を意味する maita と呼ぶ者もいる。設立メンバーのスニタ・ダヌワールは、自分にもうひとつの人生を授けてくれた存在として、レヌのことを母のような存在だと語る。当時の両者の関係を間近で見ていた国際NGOの職員は「WORECはシャクティ・サムハを妹のように大切にしていた」[25]と述べている。

　第二の役割は、シャクティ・サムハが被害者という立ち位置

25　2008年4月8日セーブ・ザ・チルドレン・ノルウェーのネパール事務所でのシタ・ギミレへのインタビューから。

にとどまるのではなく、変革の主体になるよう動機づけをした
ことである。メンバー同士が相互に支え合う自助組織から当事
者団体に発展するために必要な様々な研修の機会を提供した。
リーダーシップやマネージメントなどの他、人権、労働者の権
利、人身売買防止、安全な移住、セクシュアル／リプロダク
ティブ・ヘルス／ライツなど、様々な分野について、メンバー
は専門知識を身につけていった。これは、後にシャクティ・サ
ムハの女性たちが他団体の専門家と働く際、また人身売買の被
害に遭った女性や少女にカウンセリングを行う際の強みとな
り、当事者と非当事者の関係をより対等な関係へと変える一助
にもなった。

　第三の役割は、組織基盤を固めるために不可欠な財源獲得
と、法人格取得のための支援である。当事者団体が独立した事
務所をもち、職員を常駐させて会員にサービスを提供するに
は、会費以外の財源が必要である。専門性の高い NGO の場合、
出版物の発行や研修を実施することで事業収入を得ることが可
能だが、発足したばかりの当事者団体が同様の手段で資金を得
ることはできない。WOREC は、女性運動に理解があり、資金
助成の可能性のある国外の団体にシャクティ・サムハを紹介
し、初期段階では、それらの団体とシャクティ・サムハの間の
連絡役を務めた。1998 年には、女性団体に資金援助を行うオ
ランダの団体ママ・キャッシュ[26] が、事務所の開設費用と職員
2 名分の給与に必要な資金を提供した（Ploumen 2010: 57-58）。

26　Mama Cash〈http://www.mamacash.org/page.php?id=1〉2016 年 11 月
　　27 日閲覧。

　職員となった２名のサバイバーは、人身売買の被害を受けた
サバイバーである女性や少女へのカウンセリング、人身売買防
止の啓発活動として思春期の少女のためのピア・エジュケー
ション（仲間教育）、ストリート・ドラマの実演や実施など、
独自の活動を始めた。人身売買問題に取り組む外部団体との情
報交換の場にも参加するようになったが、労働組合や工場主な
ど非当事者に働きかけながら活動を軌道に乗せるのは容易では
なかった。

　その後、シャクティ・サムハは、アメリカの女性団体グローバ
ル・ファンド・フォー・ウィメン（Global Fund for Women:
GFW）から組織強化につながる支援を受けることができた。
この団体は、女性運動の集団的リーダーシップに資金助成をす
ることで、女性や少女の権利の推進に取り組んでいる[27]。GFW
は 2000 年から 10 年までの長期間にわたり、人材育成支援の一
環として、シャクティ・サムハの６名の会員が学校教育を受け
る費用を支援した。

　ママ・キャッシュと GFW は助成にあたって、シャクティ・
サムハの法人格の有無は問わなかったが、通常の助成申請には
法人格が必須である。国際 NGO のパートナーシップ・ガイド
ラインでもパートナー団体が法人格を取得していることは、基
本要件の最初に書かれている。

　ネパールでは、法人登録の際、設立者の市民権証を添付した
申請書を郡事務所に提出する必要がある。市民権証をもつメン

27　Global Fund for Women〈http://www.globalfundforwomen.org/〉2016
　年 11 月 26 日閲覧。

バーがほとんどいなかったシャクティ・サムハにとって、法人格の取得は難関であった。ネパールでは、居住地での住民登録制度がないため、すべての登録や証明書類の発行は、出生地で行う。16歳になると市民権証の請求が認められ、父親の署名を添えて申請する[28]。しかし、シャクティ・サムハの会員の多くは市民権証を取得する16歳以前に売られたり、帰還後も家族のもとに戻っていなかったため、市民権証の申請に必要な父親の署名がもらえず、法人登録に必要な書類を揃えることができなかった。WORECの職員は、サバイバーの女性たちが村に戻って市民権証を取得するのを手助けした。また、すでに市民権証をもっているWORECの職員の何人かが設立者に加わって申請を行った[29]。

　ところが、書類が整っても郡事務所の担当官は、まともに取り合ってくれなかった。申請書類を提出しに行ったスニタは「きみたちは、若くてかわいいいね。自分たちの組織なんてつくらなくても、レストランやマッサージパーラーで雇ってもらえばいいだろう」と担当官からからかわれて、憤慨したことを覚えている。

　シャクティ・サムハの政府への法人登録申請は、2000年に承認された。サバイバーたちだけでは申請は困難であったが、

28　この法律自体がジェンダー不平等であるという理由から、女性たちは長年、改正を求め、2006年の市民権法改正により市民権取得の際、母親の署名でよいと変更されたが、窓口の担当官への周知徹底不足などから、現在も母親の署名だけで子どもの市民権証を取得するのは困難である。
29　2008年2月28日WOREC事務所での当時の代表レヌ・ラジバンダリへのインタビューから。

WOREC の職員らの助力によって書類を整え、担当官との交渉が可能になった。シャクティ・サムハの法人格の取得は、人身売買のサバイバーたちが集団としてのアイデンティティを確立し、人身売買の問題に取り組む現地 NGO や国際 NGO とは異なる存在意義を見出すための出発点となった。

2）自称の変化─「被害者」から「サバイバー」へ

シャクティ・サムハの最大の特徴は、人身売買の被害に遭ったサバイバーによって運営されている点である。サバイバーをネパール語で表現すると *uttarjibi*（ウッタルジビ）だが、筆者がカトマンドゥで接する理事や職員は、ネパール語の会話の中でも英単語の survivor を使う。地方事務所の職員など英語を交えないで話す人は *prabhabit*（プラバビット）というネパール語を使う。これはサバイバーと同意ではなく、英語の affected に相当し「影響を受けた人」を意味する。日本語の「当事者」に近い。一方、村の会員や、シャクティ・サムハから支援を受けている女性は、自分のことを *pidit*（ピディット、被害者）と呼ぶことが多い。

筆者が入手した最も古いシャクティ・サムハの刊行物は 2004 年の英文年次報告書だが、すでに survivor という表現を用いている。ネパール語での自称について尋ねたところ、2002 年くらいから *pidit* ではなく *prabhabit* を使うようになったという[30]。その頃、国外の人身売買問題に取り組む団体と交流する

30　2012 年 10 月 19 日ジャヌカ・バタライとラクシミ・プリへのインタビューから。

ようになり、被害者を意味する *pidit* は、自分たちを力なき存在と規定し、社会との関係性を変えない言葉だと理解したために、ネパール語では *prabhabit*、英語では survivor を使うようになったという。

　今も *pidit* だと自称する女性は「自分たちは被害者以外の何者でもない」と語っており、都市で活動する理事などのリーダーと、地方に住む女性の間には、自己認識のギャップがある。なお、英語の survivor、ネパール語の *pidit* のいずれを用いる場合も、人身売買の結果として従事した仕事とは関連づけられていない。買春宿で働かされた女性も、サーカスで働かされた女性も呼称は同じである。

　ちなみに、英語で発行されている WOREC の年次報告 1992/93 年度版には、インドのボンベイで働いていたネパール人女性に対するエイズに関する研修の報告がある。そこでは、Nepalese prostitutes という表現が用いられており、trafficking や survivor という単語はまったく出てこない（WOREC 1994: 12-13）。同報告 1997 年度版では、ネパールに帰還した少女たちを affected by trafficking と説明しているが、survivor という表現は用いていない（WOREC 1998: 13）。WOREC の刊行物で survivor という表現が登場するのは、シャクティ・サムハが初めて紹介された 1998 年度の年次報告書で「Shakti Samuha, an organization of girls, who survived trafficking」と記されている（WOREC 1999: 25）。

　WOREC は少なくとも英語では 1998 年時点から彼女たちをサバイバーととらえていたが、シャクティ・サムハのリーダーが自称を意識的に被害者からサバイバーに変えたのは 2002 年

頃である。この自称の変化の範囲は、シャクティ・サムハから
支援を受けている女性たちすべてに及んだのではなく、リー
ダー層に限られているが、リーダーたち自身が、受け身なイ
メージがつきまとう被害者という立ち位置にとどまらなかった
ことを意味する。また、被害者としてではなく、サバイバーと
して新たな集団的アイデンティティを形成していったという点
から見て興味深い。

3）サバイバーと専門職員との協働

　当事者団体がNGOなど外部者によって結成された団体の下
部組織としてではなく、主体的に活動するためには、資金や法
的地位だけでなく、NGOに頼らず日々の業務をこなすことが
できる人材が必要である。一般に社会的スティグマを抱えた女
性たちが結成する当事者団体は、マネージメントや書類作成の
経験をもつ人材が内部にいないため、組織として脆弱な場合が
多い。それが原因で、情報の受発信や、活動の拡大において不
利になりがちである。シャクティ・サムハも当初は同様の弱点
を抱えていた。しかし、サバイバー自身がスキルを高め、専門
職員と協働することにより、自立した団体へと成長した。

　サバイバーの女性たちは、人権や保健など様々な分野の知識
を身につけるとともに、コンピューターや英語でのコミュニ
ケーション力などのスキルも高めていった。2008年頃、理事
や職員になったサバイバーたちは、業務終了後の夕方、指導者
を事務所に招いて皆で英語を学んでいた。国際会議で発表する
資料を自分で用意したので、添削してほしいという相談を筆者
が受けることもあった。結成時点ではネパールで「学歴」とし

て認められる中等教育修了資格（SLC）をもつ者はひとりもいなかったが、GFW などの支援で学校に通って SLC 試験に合格し、大学に進学した者もおり、大学院の修士課程で学ぶ理事もいる。結成から 10 年を経た 2000 年後半には、サバイバーたち自身が国際会議で英語でスピーチをする力をつけていた。

　この過程で重要だったのは、専門職員やアドバイザーという立場にあった、サバイバー以外の様々な人たちの存在である。当事者団体の中には、同じ痛みをもった仲間同士のつながりや、他団体での就労機会が得にくい会員の雇用を優先するあまりに、非当事者を職員として受け入れてアドバイスを受けることに抵抗をもつ団体もある。しかし現在のシャクティ・サムハの職員のうち、3 割程度はサバイバーではない。法的支援や会計部門では男性が働いている。シャクティ・サムハが彼らのスキルを必要としているのは明らかだが、働いている男性にとって、当事者団体はどのような職場だろうか。法的支援・研修コーディネーターを務める男性職員 D は、シャクティ・サムハで働く動機を次のように語っている[31]。

　　私は 2000 年頃まで、弁護士として一般の係争事件を扱っていました。その頃、ヒムライツ[32] という人権監視NGO がロウタハト郡とバラ郡で実施していた人身売買防

31　2013 年 8 月 9 日にシャクティ・サムハのカトマンドゥ本部でインタビュー。
32　Himalayan Human Rights Monitors（HimRights）：1980 年代から活動していた人権活動家が 1999 年に政府登録した人権監視団体。平和構築と和解、人身売買の防止、安全な移住の推進等の分野で活動している。〈http://www.himrights.org/〉2016 年 11 月 27 日閲覧。

止研修を担当したことがきっかけで、人身売買撲滅運動に関わり始めました。

　最初は、シャクティ・サムハが人身売買の当事者団体だと知りませんでしたが、スニタさんたちが当事者の立場から、他の被害者の支援をする姿を見て、当事者の人たちと活動するのが一番だと考えました。１年半くらい、人身売買に関する事件を間接的に扱い、2010年にシャクティ・サムハの職員になりました。

　シャクティ・サムハで働くようになって、前よりもやり甲斐を感じています。当事者のみなさんの仕事ぶりや、力強い態度に感心しています。自分も精一杯取り組んでいますが、それがサバイバーの視点から見てどうなのか、意見を聞けることが何より貴重です。学ぶことが多いです。

　日本の女性団体では、男性の姿を見ることすら稀だが、ネパールの女性団体で働く男性職員は少なくない。職員や理事がすべて女性で構成されている団体を見つけるほうが難しい。寡婦の団体で「母親が寡婦として苦労したから」という男性に出会ったことがあるが、彼のように個人的な理由がなくても、女性団体で働く男性はいる。「女性の問題の多くは男性がつくり出したものだから、自分にも関係がある」、あるいは「自分の妻や娘、姉妹がつらい思いをしてほしくないから」という男性たちである。受け入れ側の女性たちは、女性をめぐる問題の解決を「女性が主体となって行う」ことは重要でも「女性だけで行う」ものとは考えていない。もちろん、性暴力など男性の前で話しづらい事柄を扱うことも多いので、常に男性が関わるわ

けではないが、問題解決のステークホルダーとしての男性が自分の団体で働くことは、協働のあり方として当然だと考えられている。

　女性の専門職員との関係も同様である。サバイバーが社会に受け入れられるためには、サバイバー以外の人との対話によって偏見や誤解を解いていく必要がある。一方、サバイバー以外の女性の中にも、問題を他人事とは考えず、サバイバーを排除する社会を変えるために自分も役立ちたいと考えている人がいる。シャクティ・サムハの活動地で関係者と接していても、それぞれから話を聞くまで、誰がサバイバーかわからない。サバイバーでない専門職員のほうが男女を問わず高い教育を受けている場合が多いが、サバイバーの理事たちの意見を尊重する組織文化が出来上がっている。サバイバーからなる会員の総会で選ばれた理事が運営主体であり、サバイバー以外の職員は雇用される側であるという関係が確立されている。

　当事者団体は、スキルの高い人材が少ないことが組織の弱点であると言われるが、サバイバー以外から人材を補強しても、サバイバーが運営の主体となることが可能ならば、非当事者の関与は問題にはならない。同様の例は、スクォッターの女性団体が結成した貯蓄貸付組合で、教育を受けた若者が職員として雇用されている例にも見られる。職員の採用を雇用機会の提供とだけ考えるのではなく、当事者以外の理解者を増やすための方策だと考えれば、サバイバー以外からの人材登用は、非当事者との関係を変えていく上での重要な一歩である。

4）ネットワークへの参加

　制度や政策の変更を求めるためには、当事者団体が単体で活動するのではなく、同じ課題に取り組む他の NGO とネットワーク等を組んで、共に政府との交渉を行う必要がある。国家人権委員会発行の報告書によれば、ネパールで人身売買ならびに安全な移住の問題に関わる主な組織は 27 団体ある（NHRC 2016: xv）。人身売買問題に取り組む現地 NGO を中心としたネットワークは複数あるが、同報告書の 2016 年版でも取り上げられているのは Alliance Against Trafficking in Women and Children（AATWIN）のみである。AATWIN は 1997 年に設立され、2016 年現在、33 団体が加盟している。他に 1990 年に設立された National Network against Trafficking of Women and Girls（NNTWG）が再編された National Network against Girls Trafficking（NNGAT）と Human Rights and Anti-Trafficking Network がある。AATWIN は自分の意思による売春と人身売買による強制売春を区別する立場をとる世界的な運動体 Global Alliance Against Traffick in Women（GAATW）のネパール支部という位置づけである。かつてはネパール共産党と近い左派系の NGO が多く加盟するネットワークという印象が強かったが、近年、加盟団体が増えたことから、党派色はうすくなっている。一方、NNGAT はいかなる売春も認めない、道徳派と言われる世界的な運動体 Coalition Against Trafficking in Women（CATW）と近く、どちらかと言えばネパール会議派系の団体が多かった。NNGAT は、活動があまり活発でないためか、国家人権委員会の報告書にも掲載されなくなっている。

　シャクティ・サムハは、道徳派の立場ではないため、

AATWIN に加盟している。常に理事を派遣し、コーディネーター団体に推薦された年もあり、ネットワークの中核団体としてアドボカシーに取り組んでいる。GAATW にも加盟し、近年は理事を務めていることから、世界的な人身売買防止運動へと活躍の場を広げている。

　AATWIN が結成された頃、シャクティ・サムハは法人格を取得しておらず、帰還した少女たちの受け入れ経験をもつNGO との間で、活動規模や社会への影響力という点での差が歴然としていた。特に AATWIN の結成を呼びかけた WOREC は、シャクティ・サムハの結成時は保護者的立場にあった。ネットワーク等を介さない二団体間の関係だけを続けた場合、両者の役割や関係性を変えることは難しく、シャクティ・サムハが WOREC に対して依存的になったり、逆に WOREC がシャクティ・サムハに対して支配的になる可能性もあった。しかし、シャクティ・サムハの結成後間もない時期に AATWIN というネットワークが発足したことで、シャクティ・サムハは WOREC だけでなく、多数の団体と付き合っていくことになった。インドから帰還した少女の受け入れ団体のひとつであった他の現地 NGO の関係者も、シャクティ・サムハに対して助言をし、運営の支援を行った。シャクティ・サムハのアドバイザー委員会には AATWIN の加盟団体から委員が派遣されている。AATWIN ではシャクティ・サムハも含め、それぞれの加盟団体が対等な立場でロビー活動に関わっている。シャクティ・サムハのリーダーたちは、AATWIN で活動した経験から、人身売買の根絶を目指す政策提言活動にはネットワーク組織による取り組みが効果的であることを学んだ。

　また、シャクティ・サムハはAATWINに加盟していないNGOとも活動郡における防止活動で連繋をとり、協力関係にある。2013年、シャクティ・サムハは、NNGATの前身にあたるNNTWGを結成したABC／ネパールの創設者ドゥルガ・ギミレに対して、長年にわたる人身売買問題解決に対する功労者として感謝状を渡している。買売春に対する考え方の違いはあっても、自分たちよりも長い間、人身売買問題に関わっている他団体への敬意を表すといった態度は、競合関係にあるNGO同士では難しい。シャクティ・サムハは当事者団体であるがゆえに、サバイバーからの謝意であるという意味を込めて感謝状を贈った。政党政治を超越して、当事者団体が運動をリードするための活動のひとつとも言える。

　さらに、シャクティ・サムハは女性の人権監視全国連合（National Alliance of Women Human Rights Defenders: NAWHRD）など、女性に対する人権侵害を監視する当事者団体を中心としたネットワークにも参加している。こうしたネットワークの活動を通じて、他の当事者団体と互いに協力し合い、学び合う関係を築いている。

5）政府機関からの承認

　シャクティ・サムハの設立メンバーは、インドから帰還する際、ネパール政府から帰国を歓迎されず、団体設立後も、政府に登録するまで2年近くかかった。国家からの排除を経験したと言える。しかし、活動実績を重ねるうちに政府から認められるようになり、関係は大きく変わった。

　国家人権委員会による『ネパールにおける女性と子どもに関

する人身売買報告』では、2005年の発行以来、シャクティ・サムハはサバイバーの視点を生かした活動を行う団体として紹介されている。2007年度からは、レポートをまとめる委員会のメンバーにも選ばれ、他のNGOの代表者らとともにレポートの作成にも関わっている。

　女性子ども社会福祉省は、2007年9月5日を人身売買防止デーと定め、この問題への取り組みに貢献のあったNGOや個人の表彰制度を設けている。初年度の2007年にはシャクティ・サムハが団体として、翌2008年には、設立メンバーのひとりのチャリマヤ・タマン個人が表彰された。人身売買問題に取り組む現地NGOはネパールに20団体ほどあり、活動規模においてシャクティ・サムハより大きい団体は少なくない。それでも、シャクティ・サムハとその関係者が2年連続して表彰されたのは、人身売買サバイバー自身による取り組みの影響が大きいからではないか。女性子ども社会福祉省の責任者は「シャクティ・サムハの活動に刺激を受けて、カトマンドゥでドメスティック・バイオレンスのサバイバーが自分たちの組織をつくった」と報告している（Thakali and Nepal 2008: 29）。シャクティ・サムハを設立したメンバーのスティグマが完全に消えることはないが、国家からの承認は彼女たちの「名誉の回復」につながる。

　行政との関係は、表彰など形の上での承認だけではなく、実務レベルでのパートナーシップの構築にも及んだ。2007年以来、シンドゥパルチョーク郡の女性開発事務所は、DV被害者や人身売買被害者のためのシェルターの運営をシャクティ・サムハに委託している。行政から現地NGOが運営委託を受ける

ということがほとんどないネパールにおいて、これは極めて稀な例である。

2009年に設置された国家人身売買撲滅委員会には、チャリマヤを含む2名が、また5つの郡の人身売買防止委員会に各1名が、シャクティ・サムハの会員の中から任命されている。これらの委員会では、人身売買に関する政策に当事者の視点を入れることの重要性を訴えている。他に、女性子ども社会福祉省下の女性に対する暴力防止ネットワークのメンバー団体にもなっている。

2000年に政府登録を完了するまでの困難を考えると、行政とシャクティ・サムハの関係の変化は目覚ましい。シャクティ・サムハが女性子ども社会福祉省等関係省庁や出先の行政機関に対して頻繁に活動報告を行い、良好な関係を築くよう努力を重ねた結果である。

6）市民社会における認知

シャクティ・サムハは、人身売買問題に取り組むステークホルダーの間だけでなく、社会的スティグマを抱えた当事者団体の範として、ネパールの市民社会全体で知られる存在になっている。

2012年9月、シャクティ・サムハの当時の代表スニタ・ダヌワールは、ネパールのNGO 5,370団体の連合体であるネパールNGO連合（NGO Federation of Nepal: NFN）[33] の中央執行委

33　1991年設立。NGO Federation of Nepal〈http://www.ngofederation.org/〉2016年11月26日閲覧。

員計 11 名のひとりに選出された。24 名の候補者中、得票数で第 3 位になった。NFN の加盟団体のほとんどが現地 NGO であり、過去に当事者団体出身の中央執行委員はひとりもいなかった。多くの当事者団体は、自分たちのアイデンティティに関わる特定課題に関する活動だけで手一杯で、市民社会全体の利益のために活動する余裕がない。仮に当事者団体のリーダー個人が、現地 NGO も含む NFN 全体のために働くことに意欲があったとしても、NFN 加盟団体の投票によって信任を得られなければ、選出されることはない。NGO 全体の利益を代弁する役職に当事者団体から委員が選ばれるということは、シャクティ・サムハが誕生した頃の NGO との関係を想起すると大きな変化である。市民社会からの承認は、広く社会で支援者を増やしていく過程と言える。

　就任後、スニタは NFN の理念である「貧困層や周縁化また排除された人びとのエンパワメントと包摂」（NFN 2012: 7）を実現するために、NFN の加盟団体に対して職員の多様性調査を提案した。ネパールでは、一般的に、ネパールの NGO 職員は、教育の機会に恵まれたエリートが多く、ダリットやジャナジャティと総称される非ヒンドゥ民族など NGO の活動対象として優先順位の高い人びとが職員として雇用されていることは非常に少ない。社会的包摂が国家の政策のひとつとなっていても、実際には、応募資格に学歴等の基準が設けられていると、社会的に排除されている人たちは、応募することさえできない。民族やカースト、障害の有無などによる項目で NGO 職員の多様性を調査することで、雇用に関する機会の平等だけでなく、結果の平等が満たされているかを知ることができる。スニ

タは包摂的な雇用は市民社会の重要な課題だと考えており、自分が中央執行委員として働きかけることで、現地 NGO など他団体も排除されてきた人を雇用する方針を取り入れることを期待している[34]。

当事者団体の代表者が NFN の運営に関わることは、社会的に排除されている人たちが支援の受け手としてだけでなく、担い手として関わることの実例を他団体に身近な形で示すことでもある。これまで当事者団体と付き合いのなかった NGO が当事者団体の存在に関心をもち、関係を変えていくきっかけになるかが注目される。

7）国際社会からの承認、メディアの変化

2013 年 8 月、シャクティ・サムハはアジアのノーベル賞と呼ばれるラモン・マグサイサイ賞を受賞した。ネパールで 4 番目、女性、またグループとしては初めての快挙である。発表の数日前に受賞を知らされたメンバーは、感激すると同時に、これまで自分たちを支援してくれた人身売買問題に取り組む現地 NGO や国際 NGO のためにも、より謙虚に活動しなくてはと思ったという。受賞が報じられた 7 月末から 8 月にかけて、ネパールの新聞は特集記事を組んでその歩みを紹介した。また代表者が表彰式から帰国したときにも、新聞の 1 面で大きく報道された。シャクティ・サムハの設立メンバーがインドから帰還したばかりのとき、空港で待ちかまえ、彼女たちが罪人である

34　2013 年 5 月 3 日シャクティ・サムハ事務所での現代表スニタ・ダヌワールへのインタビューによる。

かのような報道をしたのもネパールのメディアだった。皮肉なことに、国際社会が認めてはじめて、ネパールのメディアが彼女たちを承認したと言える。

　国際社会でも当事者団体の働きが認められたことに自信をつけたシャクティ・サムハのリーダーたちは、人身売買サバイバーの当事者団体の世界的なネットワークづくりを次の目標にしている。

第5章

シャクティ・サムハを支える人びと

　シャクティ・サムハの概要と軌跡を見たところで、本章では、団体を支えてきた人たちの人生とシャクティ・サムハとの関わりを振り返る。サバイバーのメンバーとして、チャリマヤ・タマンとスニタ・ダヌワールを、また、サバイバーと伴走する専門職員として、アスミタ・タマンを紹介する。ここでは、過去にインタビューした際のメモと、本書の出版にあたって新たにメール等で確認したことを編集したストーリーを紹介するが、スニタに関しては、本人がホームページで公開している経歴の翻訳をもとにした[35]。

5.1　正義を求めて―チャリマヤ・タマン

　筆者は、1996年にインドから帰還したばかりのチャリマヤが参加した研修コースの修了式で出会って以来、20年の付き合いになる。人身売買の被害者として初めて加害者訴追をした彼女は、国内外でも知られた活動家だ。本部のプログラム・コーディネーターとして、地方の現場を巡回する彼女は、サバイ

---

[35]　スニタ・ダヌワールホームページ〈http://www.sunitadanuwar.net/links/biography.php〉2016年11月20日閲覧。

バーや思春期グループの
子どもたちに対してとて
も優しく、少女たちに
とって憧れの存在であ
る。ムンバイでの過酷な
状況を生き延び、現在の
ように支援環境が整って
いない中で自分を売った
加害者を訴えた闘士には

チャリマヤ（2016 年、カトマンドゥ、本人提供）

見えない。しかし、彼女と話をしていると、今も消えぬ怒り
と、人身売買の問題に立ち向かう熱意が、彼女の芯の強さと温
かさの源であると感じる。ここでは、筆者が 2013 年から 2016
年夏にかけて数次にわたって聞き取った話を時系列に再構成し
て伝える[36]。

1）ムンバイで救出されるまで

　シンドゥパルチョーク郡の村の中流家庭に生まれた私は、農
業で生計を立てる両親と、ふたりの兄のいる家の末娘として生
まれました。幼い頃、家族は生活に困ることはありませんでし
たが、父が殺人事件の容疑者として訴えられたことがきっかけ
で、一家は土地を失いました。

---

[36]　主に 2013 年 8 月 6 日シャクティ・サムハのヌワコット郡事務所で、
　　及び 2016 年 8 月 20 日カトマンドゥでのインタビューから。彼女は
　　2011 年に米国国務省から表彰され、国内外のメディアで自分のライフ
　　ヒストリーを公表しているので、ここでも仮名にしない。以下、彼女の
　　発言は特記しない限り同じ。

　6歳で小学校に入学し、5年生[37]まで通いましたが、中学校が近くになかったので、家の手伝いをして過ごしました。勉強を続けられなかったのは、学校が近くになかったことだけが理由ではありません。女はそれ以上勉強しなくてもいいと、親が考えていたからです。

　16歳になったときに父が亡くなりました。それから半年経ったある日、森で飼葉集めをしていると、4人組の男がやって来ました。そのうちのひとりは、同じ村の男でした。「村で店を始める金を出してやるからついて来い」と言って、しつこく誘いましたが、私は従いませんでした。彼らは「人買い」[38]でした。私が言いなりにならないとわかると、彼らは私に無理やり何かを食べさせ、私は気を失ってしまいました。

　正気に戻ったときにはインドのゴラクプール[39]にいました。「カシミールにあるショールを織る工場で働かせてやる」、「辞めたくなったらいつでも帰ることができる」と言われ、電車に乗せられた後、また気を失いました。

　次に意識が戻ったのは、ムンバイに着いてからでした。一緒にいた男たちは、事前に買春宿に連絡していたのでしょう、女性が迎えに来ていました。彼らは「男と女が一緒にいると警察に疑われる」、「俺たちは別のタクシーで行く」と言って立ち去

37　ネパールの教育制度は、初等教育5年、前期中等教育3年、後期中等教育2年の5-3-2制であったが、近年、中等教育機関が2年間延長され、前期中等教育2年の後、中期中等教育2年、さらに後期中等教育2年の5-3-2-2制の新システムに移行した。
38　ネパール語で *dhalaal*。
39　ウッタル・プラデシュ州の都市。ネパール側のスナウリから国境を越えたインド側の玄関口の町で、ムンバイまでの列車が出ている。

りました。そこから先、私は迎えに来た女性に預けられました。

　着いた先はカマティプラ地区[40]でした。「ようこそボンベイ中央へ」という看板が近くに見えました。そこで初めて私は売られたのだとわかって怖くなりました。鉄の扉が二重三重にある部屋に、3日間監禁されました。2日目に自殺しようと思って、着ていた服で入り口に首を吊りましたが、死ねませんでした。3日目に買春宿に送られました。4日目は休むことはできましたが、5日目には客をとるよう脅されました。私が従わなかったので、殴られました。他の店に売るとも言われました。6日目に部屋に閉じ込められ、どこからか呼ばれてやって来た4人の男性に、集団レイプされました。泣き続けても誰にも聞こえなかったのか、助けてもらえませんでした。

　ムンバイに着いて半年くらいの間、なんとかして逃げようと考えました。しかし、逃げることができないとわかったとき、ここのことをよく覚えておこう、いつの日か自分が逃げることができたら、自分を連れてきた男たちを訴えようと思い、何でも記録しておこうとしました。

　インドに来て22ヶ月が過ぎた1996年2月5日、私は救出されました。一緒に救出されたのは18歳未満の少女たちで、あわせて500人くらいいました。半分くらいがネパール人でした。他にはバングラデシュやインドの女性たちもいました。彼女たちは政府が責任をもって助けてくれたので、すぐに帰ることができました。しかし、ネパール政府は何もしてくれなかっ

40　ムンバイで最も古く、アジア最大の赤線地帯のひとつ。

たので、私たちは救出されたのにもかかわらず、それから７ヶ月もインド政府の施設で過ごすほかありませんでした。

　そこはまるで刑務所のようで、インド人の職員は私たちに対して舌打ちをしたり、卑劣な言葉を投げかけました。そこでの暮らしは、買春宿とほとんど変わりなく、性労働をしなくて済むというだけで、ひどい扱いを受けました。具合が悪くなると病院に連れて行かれましたが、医師からも差別的な扱いを受けました。何も敷かないコンクリートの床で眠らされ、生理中もナプキンを支給してもらえず、隣に寝ている女性の経血で自分の体が汚れることがありました。そこから逃げてしまった少女もいました。救出された時点でマラリアや結核を患っていた人の中には、施設で亡くなった人もいました。私も髄膜炎にかかりましたが、なんとか生きながらえました。

２）加害者訴追

　私は９月にネパールに戻ってから、しばらくして、加害者を訴えました。インドで書いていたその日記帳は、救出されたときは持ち出すことができなかったのですが、幸運なことに、他の荷物と一緒にあとで私の手元に戻ってきました。帰還した128人の中で、売った相手に裁判を起こしたのは私ひとりでした。彼らを訴えたことで、自分が身の危険を感じ、村の家族が嫌がらせを受けることがありました。

　カトマンドゥでは、ナバジョティセンターというNGOで半年間の研修を受けました。研修を終えても村に帰らず、NGOの寮で暮らしたのは、自身の安全を守るためでもありました。それでも怖がってなんていられませんでした。自分は悪くない

のに、ひどい目に遭ったことが納得できなかったからです。
1997年にシンドゥパルチョーク郡裁判所は、私を売るのに関
与した8人に、最長で懲役10年の有罪判決を出しました。

　研修の修了後は、WORECで研修を受けていた仲間と一緒
に、WORECの1室で活動を始めました。GAATWのメンバー
でママ・キャッシュというオランダのNGOで働いていた女性
のおかげで、活動資金を得ることができました。彼女が、
GAATWの関係者としてネパールに来たときに、私たちは彼女
と知り合いました。私の体験をSさんが通訳してくれました。
自分たちの団体をつくったので支援してもらえませんかと頼ん
だところ、オランダに帰った彼女はWORECの口座を通じて
資金を送ってくれました。それから事務所に必要なものを買っ
て活動を始めました。

　私たちは、最初からいろいろなところに出かけて行って活動
ができたわけではありません。私たちを受け入れてもらうのは
とても難しいことでした。まず、カトマンドゥ市内のカーペッ
ト工場やスラムなど、人身売買の被害に遭いそうな少女たちの
いるところに出かけて行って、人身売買の防止活動をしようと
考えました。

　工場では、GEFONT[41]という労働組合の連合体と一緒に活
動することになっていました。GEFONTの職員が一緒のとき

41　General Federation of Nepalese Trade Unions（GEFONT）は、1946年に
　　結成されたネパール最初の労働組合に起源をもつ。王制下で活動が禁止さ
　　れていた期間もあったが、1995年にネパール最初のナショナルセンター
　　として登録された。〈http://www.gefont.org/page.php?name=introduction〉
　　2016年11月22日閲覧。

は良いのですが、私たちだけで行くと、工場の警備員が中に入れてくれないことがありました。経営者や監督たちに会って「あなたたちの仕事を邪魔するようなことはしません」と約束すると、だんだん信用してもらえるようになり、活動ができるようになりました。

　はじめはスラムでも、親たちが「うちの娘たちまで悪い道に引き込もうって言うのかい？」と言って、私たちを拒みました。そう思うのも無理はありません。私たちは、スラムの娘たちとほとんど同じくらいの年齢でした。私たちにさんざんひどいことを言って、犬を使って追い払おうとしたり、蹴散らそうとする人もいました。それでもあきらめず、翌日また出かけて行ったり、辛抱強く通っているうちに、スラムの人たちも話を聞いてくれるようになりました。

3）名誉の回復

　市民権証を取ることができたのは、1999年になってからです。兄に「市民権証を取りたい」と話したところ、最初は良い返事をくれました[42]。しかし、近所の人が余計なことを吹き込んだのでしょう、兄嫁が「市民権証がほしいだなんて、まさか親の土地を相続したいと言い出すんじゃないだろうね」と言って、妨害し始めました。長年不在だった住民が市民権証を申請するときは、近所の人などの証言が必要ですが、私がそこに住んでいたことを証言してくれる人を見つけるのにも苦労しました。「私は財産がほしくて市民権証がいると言っているのでは

42　父をすでに亡くしていたので、兄の署名をもらう必要があった。

ありません。自分の力で生きていくために市民権証がいるのです」と言ったところ、兄は書類に署名してくれました。役所の人からも最後には推薦書がもらえました。

　私は、2011 年に米国国務省から「現代の奴隷制廃止のために闘う英雄」として表彰されました。その頃「公共の出来事」[43]というテレビ番組に出たときのことは忘れられません。米国での表彰式に出発する数日前に、人身売買の被害が多いヌワコット郡のあるホテルの屋上で収録が行われました。警察署長と女性子ども社会福祉省の大臣と私が、人身売買問題について意見交換し、会場に集まった人からの質問に答える番組でした。私は、自分が警察署長や大臣と一緒に聴衆の前で話をするようになったこと、ヌワコット郡の村の人たちが会場までやって来て、自分の経験談を真剣に聞いてくれたことに驚きました。

　2016 年には、ネパール国家人権委員会から人権賞[44]をもらいました。また、在外ネパール人協会からは、3 月 8 日の国際女性デーの主賓として、2015 年にはカタール支部、2016 年には香港支部に招かれ、基調講演をしました。この協会は、今後、国外で人身売買の被害に遭った人の救出に協力することを約束してくれました。

43　イギリス国営放送 BBC の傘下の BBC Media Action が民主化支援の一環として制作し、ネパールの民間放送局カンティプールが放映していたテレビ番組 *Sajha Sawal*。
44　2006 年の第二次民主化闘争中、ネパール警察の銃弾に倒れた国家人権委員会の委員ダヤラム・パリヤールを顕彰する賞。

4）新たな一歩

　私はムンバイから戻って5年後の2001年に結婚しました。同じ村に住む夫の両親が縁談をもちかけてきたのです。夫の一家と面識はなかったのですが、私が人身売買のサバイバーだということは知っていたようです。当時「サバイバー」という言葉は知られておらず、私たちは「被害者」と呼ばれ、「結婚もできずに人生を終えていく」と言われていました。私は結婚そのものがしたいというより、サバイバーでも結婚して家族をもって暮らすことに挑戦してみたいという気持ちが強かったので、結婚することに決めました。

　夫は男性ですから、一緒に暮らしていると、ムンバイで自分の身に起きたことを思い出してしまうことがありました。ネパールの社会では、家族の世話や食事の支度は女性の役割だと決めつけられています。しかし、私はそういう考え方も変えていきたいと思っていました。急に変えるのは難しいですから、食事の支度は実際には私がすることが多いですが、洗濯は夫がするとか、夫婦で分担していければよいと思っていました。結婚の翌年には長女が、5年目には次女が生まれ、結婚生活ははじめのうちは順調でした。

　結婚当初、夫はまったくお酒を飲みませんでしたが、長女が生まれてから飲むようになりました。酔うと暴力をふるうようになり、仕事をほとんどしなくなりました。私が仕事で休日に出かけると「他の男と付き合っているのか」と言って、私を疑うようになりました。私が出張で家を空けることが多かったので、娘たちが小さい頃は面倒を見てくれました。しかし、飲酒と暴力が度を過ぎるようになり、小さい頃可愛がっていた次女

まで殴るようになりました。私は他にすべがなく、娘たちを寄宿制学校に預けることにしました。

　その後も夫が態度を変える兆しがなかったので、私は2015年に離婚を決意しました。娘たちも私の決断をすぐに理解してくれました。しかし、夫は村にある兄の家から戻らず、離婚に応じようとしませんでした。困った私は、新聞広告を出して夫に離婚の意思を伝えました。ネパール社会では珍しいやり方だったようですが、弁護士に相談しても、夫が裁判所に来ないなら、他に方法がないと言われました。結局、離婚の手続きを始めて1年近くかかりましたが、2016年春にようやく離婚が成立しました。夫が私にストーカー行為をしないよう、携帯電話の番号も変えました。娘の学校や寄宿舎にも夫が来ても面会させないように伝えました。

　結婚は、社会に認められるための契約のようなものです。失敗することもありますし、今思えば結婚する必要はなかったのかもしれません。世間には、離婚した私のことを悪く言う人もいますが、それでも、あのまま暴力をふるう夫と一緒にいるのではなく、離婚したことは良かったと思っています。一旦、社会から排除された者の痛みを他の人が理解することは容易ではありません。

　人生には不幸なことも起きるでしょう。不幸な目に遭うと大変な思いをしますが、立ち上がることができます。立ち上がった後には、必ず良いことが待っています。生きていくのはたやすいことではありません。いつも困難が待っていますが、だからこそ人生には意味があります。人間は、自分のすることに見返りを求めてはいけないと思います。自分が何かしたら見返り

があると思っているうちは、成功することはないでしょう。自分がやっていること自体に意味があると思って続ければ、それが認められる日が来るのです。

5.2　「涙の力」―スニタ・ダヌワール

　設立メンバーのひとりで、2016 年現在、事務局長を務めているスニタ・ダヌワールも、1996 年にムンバイから帰還したひとりである。筆者は、スニタたちがシャクティ・サムハを結成してから間もない頃、当時事務所を間借りしていた WOREC で面会して以来、折に触れ、彼女自身の変化について話を聞いている。

　2016 年 9 月 12 日、『涙の力』（*Aansu ko Shakti*）という題名の自伝を出版した（Danuwar 2016）。彼女はこの本に次のような思いを込めている。

　　10 年ほど前と比べて、私たちの社会における女性に対する扱いは多少変化しましたが、宗教儀式や規範を逸脱した女性に対する制裁は、ほとんど変わりません。私は自分自身の来し方を振り返り、そう感じています。私はシャクティ・サムハの活動に没頭することで、涙を力に変えてきました。富は得ていないでしょうが、多くの方の善意に支えられてきたことを誇りに思っています。創造的な活動に邁進すれば、否定的な考えを追い払うことができます。私は、多くの女性たちにひらめきを与えることを願って、『涙の力』と題したこの本を書きました。

今でこそ、国内外の様々な会議で堂々と振る舞うスニタだが、ムンバイからの帰還時に子どもを連れていた彼女は、最もひどい差別を受けたひとりである。帰還後に結婚した夫は、彼女が自分の過去をさらけ出して活動することを受け入れ、また支えているが、子

スニタ
(2014年、カトマンドゥ、©Natalie de Oliveira /Planète Enfants & Developpement)

どもとの関係において苦しんだことも多い。子どもたちや家族への配慮から、自伝でも家族のことにはあまり触れていない。当事者がカミングアウトすることによって、当事者の子どもの権利が侵害されてはならないことを考えれば、当然必要とされる配慮である。長い付き合いの中で、彼女について知り得たことは多いが、ここでは、自伝と同様、本人が語りたいと考えていることだけに絞り、本人のホームページなどで紹介している経歴を中心に紹介する。

1）一家そろってインドへ

1977年、私はネパール中西部の丘陵地帯ダイレク郡の村で生まれました。私が5歳になるまでに、栄養失調が原因で弟と妹を亡くしました。子どもを6人も亡くしたことを、呪いにかけられているせいだと思いこんだ母は、一家でダイレク郡を離れる決心をし、インド北部のジャンムー・カシミール州に移住しました。そこで土地を借りてじゃがいも栽培をして生計を立

てました。はじめの9年間、暮らしは順調でしたが、兄が叔父と一緒に失踪し、再び困窮に陥りました。

　私は、家が貧しかったために学校に行くことができませんでした。当時、ネパールの農村では、娘に正規の教育を受けさせることを優先させる家庭は少なく、貧しさを理由に学校に通えないことは珍しくありませんでした。私の両親も同じ考えの持ち主だったのでしょう、兄だけを学校に通わせました。ある日、私が兄について学校に行ったところ、先生が「スニタは何も知らないんだから、学校に来なくていい」と怒鳴りました。それから、私は兄について行くのをやめました。インドに引っ越してからも、私たち家族は食べていくだけで精一杯で、私が学校に行く機会は訪れませんでした。それでも、父が家でネパール語の文字と数字だけは教えてくれました。貧しい家庭に生まれ、兄が失踪するといった悲しい出来事はあったものの、温かい家族に恵まれ、愛されて育ちました。しかし、14歳になると、私の人生は一転しました。

2）甘い菓子の罠

　失踪した兄を探すために私たち一家は、ウッタラーカンド州のアルモーラーという町に向かいました。道中、旅費の足しにしようと、川で石と砂利を集める仕事をしました。私たちが集めたものを運ぶトラクターを運転していたのは、ネパール人の男2人でした。私の親はネパール出身の彼らに親近感を覚えたようで、彼らも私たち一家と親しくなり、私を「妹」と呼びました。そして「いつまでも親の世話になっていないで、自分でお金を稼いだほうがいいよ」と言うようになりました。

　十分な資金を貯めた私たち一家は、目的地のナインタールに向かう早朝のバスに乗るために、アルモーラーの町外れのホテルに泊まりました。すると、トラクター運転手の2人も、一緒に兄を探すのを手伝うと言って、同じホテルにやって来ました。夕食後、その男たちは私にお菓子をくれました。私が「いらない」と言うと、父にそのお菓子を勧めました。父が「おいしいよ」と言って食べながら、私にも勧めました。父に言われて断ることができなかった私は、そのお菓子を食べました。私はそれが両親といる最後の瞬間になるとは思いもよりませんでした。私はそのお菓子に入っていた薬のせいで、意識を失ってしまったのです。父が食べたお菓子にも薬が入っていたのか、私が口にしたものだけだったのか、すぐに意識を失った私には、知るすべもありませんでした。

　目が覚めたとき、私は知らない場所で、男たちの視線を浴びていました。周囲にいる女性たちは、ひどい厚化粧をしていました。おかしいと思った私は「ここはどこ？」、「誰が連れて来たの？」と聞きました。そこにいた女性が「あなたのお兄さん2人が連れてきたんだよ。夜になれば迎えに来るよ」と返事をしました。そして「早く顔を洗って、化粧をしなさい。もうすぐダンダ（dhanda）が始まるから」と言いました。ネパール語で「ダンダ」とは、掃除や調理など家事を意味します。私はそれを文字通りに理解し、「家ではいつもお母さんが家事をやっていたので私は何もできません」と答えました。しかし、赤線地帯で「ダンダ」という言葉は性を売るという意味で使われていました。「お前は40,000ルピーで売られたんだ。客の男たちを喜ばせるのが仕事だ」と言われてはじめて、そこが買春宿で

あることを知りました。目の前が真っ暗になりました。心臓が
止まりそうになり、「ここから出してほしい」と泣きわめきま
したが、逃げることはできませんでした。

　私は１ヶ月もの間、客を取ることを拒み続けたために、精神
的にも肉体的にも虐待を受けました。自殺したいと思いました
が、首を吊るために使えるものもなく、毒を飲むこともでき
ず、その状況から逃げ出すための手段は何ひとつ見つけられま
せんでした。

　私が１ヶ月も客を取らなかったので、買春宿の主人は私を
80,000 ルピーで他の店に転売しました。次の店でも私は客を取
ることを拒み続けたので、ひどい虐待を受け、殺されそうにな
りました。そこでマネージャーとして雇われていたネパール人
の男性が、ククリと呼ばれるネパールの短刀で「身体を切り刻
んでやる」と私を脅しました。食事も与えられなくなり、私は
次第に抵抗する気持ちを失っていきました。ある日、買春宿の
女主人は５人の男性スタッフに、私をレイプするよう命じまし
た。私には、セックスワーカーとして働く以外の選択肢が残さ
れていませんでした。集団レイプをされた後、私の世界は終
わったも同然でした。私が喜ばせなければならなかった男性客
とは、インドの軍人、ビジネスマンや外国人たちでした。

3）地獄からの救出

　1996 年２月５日の午前７時頃、店の女主人は、私を源氏名
の「ウシャ」と呼び、映画を観に行くから外出する支度をする
ように言いました。彼女がそんなに優しく声をかけてくれたこ
とはなかったので、とても驚きました。彼女の後ろについて建

物の入り口まで降りたところで、私は自分が着ていたサルワール・カミューズを着替えたいと思いました。女主人に「着替えたい」と伝えましたが、彼女は「その格好でいい」と言って、私の手を引いて歩き続けようとしました。私が「着替えてからでないと外に出たくない」ともう一度頼むと、彼女は私が自分の部屋に戻ることを許してくれました。

　着替えを終えて部屋の扉を開けると、目の前にムンバイの警察官が立っていました。彼らが私を地獄から救い出してくれたのでした。ムンバイの警察は、18歳未満で性奴隷にされている子どもを解放するよう、子どもの権利のために活動する国内外の団体からの要請を受けて、赤線地帯を捜索していたのです。500人くらいの少女が地獄のような買春宿から救出されました。そのうち、私を含む200人ほどがネパール出身の女性と少女でした。しかし、救出後に送られた先のシェルターは、男性と寝なくてよいこと以外、買春宿と同じくらいひどいありさまで、私たちは安らぎを得ることはできませんでした。私たちは、ベッドもない一つの部屋に100人くらいが押し込められ、まともな食事も与えられませんでした。生理になっても手当をすることができませんでした。最も辛かったのは、ネパール政府は私たちがHIVに感染しているという疑いをもち、私たちが市民権証を所持していないことを理由に受け入れを拒否したことです。ネパールのNGOの働きかけによって、最終的にネパール政府は救出された私たちの帰国を認め、128人のネパール出身の女性と少女がカトマンドゥにやって来ました。

4）自分の権利に気づく

　私たち 128 人は 7 つの NGO に送られることになりました。しかし、私はインドで同じ施設で過ごした仲間と離れたくなかったので、12 人を一緒に受け入れてくれる WOREC というNGO で暮らすことになりました。

　ある日私たちは、HIV 検査のため政府の病院に行きました。しかし、医師たちは私たちに触れようとしませんでした。彼らも買春宿で働かされていた私たちを汚らわしいと思ったのでしょう。その頃の私は、そういう態度をとる相手に対しても「自分が悪いのだ」、「申し訳ない」という気持ちでした。

　実際に、12 人のうち何人かは HIV に感染していました。検査結果を聞いた私たちは、食事をする気力もなく、それから先、どうやって生きていけばよいのかわかりませんでした。私たちはどこに行っても差別され、そのたびにスティグマを感じました。

　しばらくして、私たちは WOREC のレヌ・ラジバンダリさんから 10 日間の人権に関する研修を受けました。それまではこんな目に遭った自分が悪いと思っていましたが、研修を受けてはじめて、自分が悪かったのではないということがわかりました。「あなたはどうして自分を恥じなくてはならないの？自分が悪いと思うべきじゃない。他の人があなたを売ったの。あなたの人権は他の誰とも同じです」というレヌさんの言葉を今でもよく覚えています。私たちは、10 日間の研修の最終日に、自分たちの権利を主張する時が来たと思い「シャクティ・サムハ」を結成しました。

　私はシャクティ・サムハで様々な役割を担っています。カウ

ンセラーとして、救出した女性や少女たちを勇気づけました。また、ネパールの農村で人身売買の被害に遭いやすい少女たちへの啓発活動のために、一般聴衆を集めてストリート・ドラマを上演しました。2000年から2004年頃、最も熱心に啓発活動に取り組みました。自分自身の体験をもとに脚本を書いて、ブローカーや買春宿の主人の役を演じたのです。啓発のためとはいえ、自分のムンバイでの体験を人前でさらけ出すというのは、言葉では表現しがたいほどの勇気がいりました。虐待やレイプといった地獄のような経験をした後、保守的なネパール社会の中で、微笑みながらストリート・ドラマを演じるというのは並大抵のことではありません。私は、買春宿に到着したばかりの少女役を演じる赤いサリーを着た同僚に「お前も、もうすぐ、セックスワーカーとして働くんだよ」と、かつて自分が女主人から言われた台詞を言いました。

　組織運営においては二度にわたって代表を、また2011年以来事務局長として、計画や戦略づくりの中心的な役割を果たしています。ひとりでも多くの女性や少女に私の経験を伝えたいと考えています。

5）帰還後の試練と学び

　ムンバイから戻った後、だいぶ経ってから、私は両親を探そうとしました。お菓子を食べさせられて意識を失って以来、両親の居場所に関する手がかりは、まったくありませんでした。しかし、家族や親戚、地域の人たちから拒絶されるのではないかと不安になり、故郷のダイレク郡には行くことができませんでした。叔父に手紙を書きましたが、返事はもらえませんでし

た。

その後、帰国して7年経って、ようやくダイレク郡に行き、妹や弟の消息を知りました。しかし、両親がすでに亡くなっていると聞いて、強い衝撃を受けました。母は私がいなくなったことが原因で病み、それから4年後に亡くなっていました。父は母が亡くなってから8年後、毒を飲んで自殺していました。両親がそのような形で亡くなったことを、私は受け入れることができませんでした。

私は教育を受けたいという思いが強かったので、2001年に7年生に編入しました。シャクティ・サムハの支援団体のおかげで、9年生まで学校に通うことができました。しかし、2003年にその団体からの支援が終了し、学業をあきらめなくてはなりませんでした。それでも、勉強をしたいという思いが、私の生きる原動力になりました。2009年、4ヶ月間の補習授業を受けて、中等教育修了資格（SLC）試験に合格しました。私自身、まさか合格すると思っていなかったので、とても嬉しかったです。パドマ・カニヤ女子キャンパスを2012年に修了した後、現在は社会福祉を学んでいます。

5.3　サバイバーの伴走者─アスミタ・タマン

シャクティ・サムハの組織としての最大の特徴は、人身売買の被害に遭った女性たち自身が運営している点にあるが、彼女たちと共に働く専門職員と呼ばれる人たちの中にも、自身の人生と重ね合わせ、強い思い入れをもって活動している人が少なくない。通常、職員のうち誰が被害に遭った当事者で、誰が専

門職員かということは公表して
いないが、ここでは、専門職員
のひとりを紹介する。長年、地
方の草の根の現場で活動を続
け、多くの当事者とその家族か
ら信頼を得ているアスミタ・タ
マンは、まさにサバイバーの伴
走者と言える。

アスミタ
(2016年、マクワンプル、本人提供)

　筆者がマクワンプル郡の地域
事務所の責任者であるアスミタ
と初めて会ったのは2012年。
比較的最近知り合った関係者だが、同郡を訪れるたびにバスや
乗り合い自動車の車中で、また、村を歩きながら、あるいは、
停電でおしゃべり以外に何もできないときに、彼女の半生につ
いて話を聞いた。彼女の人生を振り返ると、サバイバーと彼女
の間には、多くの共通した体験があることがわかった。「専門
職員」という表現からは、専門性を生かすことだけが期待され
ているように聞こえるが、サバイバーと協働していく際に最も
大切なのは「共感する力」である。アスミタが、なぜ、シャク
ティ・サムハを職場に選んだのか、シャクティ・サムハで働く
過程で、人生にどのような変化があったのかを紹介する[45]。

45　2012年10月15日及び2016年8月24日のシャクティ・サムハのマ
　クワンプル郡事務所でのインタビューから。

1）望まれない娘として生まれて

　1983年、首都カトマンドゥの北側のヌワコット郡で、私は4人姉妹の末娘として生まれました。4人目の子も女であることにがっかりしたのか、父は私が生まれてから家を出て行きました。インドに行って別の女性と結婚したと聞いています。私が唯一覚えているのは、まだ赤ん坊だった私をひどく段ったことだけです。

　姉たちは、学齢になっても学校に通っていませんでしたが、私は姉妹の中ではじめて、6歳のときに学校に入ることができました。母は私に地酒を売る手伝いをさせ、十分な儲けがあった日には、40ルピーの日当をくれました。私はそのお金でペンなど文房具を買いました。

　親戚がそろって貧しかったわけではなく、安定した仕事に就いている人もいました。軍隊に務めていた叔父は、決して貧しくはなかったはずですが、私が学業を続けることを一切支援してくれませんでした。それどころか、私をカーペット工場に働きに行かせました。私と引き換えにカーペット工場から30,000ルピーもらったにもかかわらず、母にはそのお金を一切渡しませんでした。工場では食事と寝る場所を与えられましたが、賃金も服ももらえませんでした。私は14歳になるまでの2年間、その工場でカーペットを織りました。まさに児童労働でした。作業中、工場監督から胸を触られたことがありましたが、一番辛かったのは、勉強ができなかったことです。

　工場で出会った友だちから「ポカラのホテルで働けば勉強ができるらしいから一緒に行こう」と誘われました。ふたりで行くことを決め、引率してくれる大人に従ってポカラに向かって

いたところ、ある NGO の人から「人身売買の疑い」があると言われて、連れ戻されました。

２）念願叶って学校へ

　カトマンドゥに戻った私は「子どもたちの惑星」（Planète Enfants）という NGO のソーシャルワーカーに出会いました。彼は「ポカラには行かないほうがいい。その代わり、ヌワコットで勉強できるように支援しよう」と言ったのです。6 年生で村の学校に編入し、飛び級で 8 年生に進級、10 年生までの基礎教育を終えることができました。修了するまで「子どもたちの惑星」から支援を受けました。

　18 歳で SLC の試験を受けたときのことは忘れられません。郡庁所在地のビドゥルに数日滞在する必要がありました。英語の会話テストもあったので、試験会場の近くで何日も滞在しなくてはならなかったのです。そこで、近所の人から 2,000 ルピーを年利 5 ％で借りて試験会場に向かいました。街のゲストハウスの宿泊料はとても払えないので、親戚の子に部屋をシェアしてくれないかと頼みましたが、断られてしまいました。困っていたところ、試験会場に近い家で部屋を貸してくれる人を見つけることができました。そこで試験を終えるまでの 13 日間泊めてもらうことができました。私が通っていた学校は新しく、SLC 受験者を出すのは最初の年でした。その学校で私ひとりだけが合格し、3,000 ルピーの賞金をもらいました。それで、2,000 ルピーの借金を返すことができました。私は貧しい家に生まれたにもかかわらず、とても運が良かったと思います。

3）ソーシャルワーカーへの道

　SLC に合格してすぐに進学したかったのですが、そんな経済的余裕はありませんでした。当時、マオイストが勢力を拡大させており、若者の多く、特に女性たちはその解放思想に興味をもちました。私は自分の出身民族のタマン民族解放戦線に関心をもち、一時期、情宣活動に参加しました。しかし、私のこうした活動が原因で、母や姉が警察からハラスメントを受けていたことがわかり、活動から距離を置くようになりました。当時、護身術を学んだことは今の活動で役立っています。

　その後「子どもたちの惑星」がコミュニティ開発の職業訓練研修の受講を勧めてくれました。15ヶ月間の研修では、参加型調査手法など、現場で働くために必要な知識と実務的な技術を身につけることができました。その試験でも高得点を修めることができました。修了後は、暴力被害に遭った女性のシェルター運営をしている団体サーティ（Saathi、「友だち」の意）で3ヶ月間、実習訓練の機会を得ました。

　2004年、私が21歳のときに、結婚してカブレ郡に転居した姉の仲介で、チベット仏教画の絵師の男性を紹介されました。彼の実家は、貧しくはなく、酒も飲まず、たばこも吸わない男性で、2年生までしか学校に行っていませんでしたが、私には学業を続けてよいと言ってくれたので、結婚することにしました。しかし、結婚後、夫は、私が外で仕事をすることは認めないと言いました。すぐに妊娠したので、仕事は探さず、ジャーナリズムの勉強をしました。民族のアイデンティティを大切にした活動を続けたかったので、タマンの民族団体のメンバーになり、FM放送でタマン語放送を担当しました。その番組に

チャリマヤさんが出演したことが、シャクティ・サムハとの出会いにつながりました。

　2008年、25歳のときに、自分と同じように貧しい家庭の少女たちの役に立ちたいと思い、シャクティ・サムハのヌワコット郡事務所職員の仕事に応募しました。社会心理カウンセラーとして採用されましたが、英語で文書作成ができたので、いろんな仕事を任されました。

4）夫の暴力

　1ヶ月の給料は12,000ルピーで、そのうち10,000ルピーを夫に渡し、自分は叔父の家から職場に通いました。仏教画の仕事を続けていた夫と娘をカトマンドゥに残して、別居生活をすることになりました。しばらくして、夫は私が他の男性と付き合っているのではないかと疑うようになりました。彼は長女を可愛がりましたが、2010年に生まれたふたり目も女だったことにひどく落胆し、次女が生まれてすぐ私に対する暴力が始まりました。帝王切開で次女を出産した直後の私をレイプしました。その後も熱湯をかけたり、無理やり性交渉をするといった暴力は止まらず、とても一緒には暮らせなくなりました。2011年にマクワンプル郡に異動になり、実家の母、娘ふたりと4人で郡庁所在地のヘタウダで暮らすことにしましたが、カトマンドゥで暮らす夫の部屋代など全部私が支払っていました。私にしょっちゅう電話をしてきて、他の男性と付き合っているのかとしつこく聞くなど、ハラスメントが絶えませんでした。

　ある日、カトマンドゥの部屋の大家が「あなたの夫はマクワンプル郡出身の女性を連れてきて暮らしている」という電話を

くれました。部屋代もすべて私が支払っているのに許せないと
思い、2013 年に自分の持ち物をすべてトラックでヘタウダに運
び、翌年、離婚する手続きを始めました。しかし、それは容易
なことではありませんでした。夫の暴力がひどくなり、警察を
呼んで拘留してもらったこともありましたし、私がひどいけが
を負うこともしばしばあったので、私がドメスティック・バイ
オレンスの被害に遭っていることは、まわりの人もみんな知っ
ていました。しかし、実際に離婚の相談をすると、他の女性団
体の職員の仲間たちが「娘のためにも離婚すべきではない」、
「夫の名誉が傷つく」、「世間体を失う」といった発言をしたの
で、とてもがっかりしました。中には「あなたは人権活動家な
のだから、他の人の見本になるべきなのに、離婚するなんて良
くない」と言う人までいました。彼女たちは、私の人権を尊重
することを第一には考えてくれなかったのです。

5）自分の尊厳と権利を学んだ職場

　シャクティ・サムハのチャリマヤさんは「あなた自身を一番
大切にすべきだ」と言って、勇気づけてくれました。同居して
いた母も、私がいかにひどい暴力を受けていたか一部始終を見
ており、離婚に賛成してくれました。法的支援を専門にしてい
る NGO の弁護士に相談にのってもらい、2015 年ようやく離婚
が成立しました。私は娘のためにも、きちんと自分の権利を主
張すべきだと考えたので、財産の 75 ％にあたる 3.8 ロパニ[46]

46　ネパールの土地の単位 1 ロパニは 508.72 平方メートル。3.8 ロパニは
　　1,933 平方メートル、584 坪相当。

分を取得しました。夫の実家のカブレ郡の田舎の農地ですが、それでもこの土地があれば、困ったときに役立つと思います。こうした手続きをすべて終えるのに13ヶ月かかりました。

　今でも、夫は娘に会いたいと言って、時々家の近くまでやって来て「あばずれ女！」と怒鳴ったりしています。離婚したことで、夫から自由になりましたが、ふたりの娘をひとりで育てていく責任は重いです。長女が12歳で6年生、次女は6歳で幼稚園の年長組で、来年1年生になります。彼女たちが学業を修めるまで自分がその責任を果たせるかを考えると、とても心配です。娘たちが16歳になって市民権証を取得し、自分で生きていけるようになるまで、私は再婚するつもりはありません。心理カウンセラーとして、日頃他の女性たちの相談を受けている立場から見ると、私もトラウマを抱えていると思います。男性全般に対して信頼を失ってしまいました。友人としては付き合うことはできても、結婚という形で一緒に暮らすことは考えられません。

　シャクティ・サムハで働いていなかったら、お金も支払われず、服も支給されないでカーペット工場で働き続けた自分も人身売買の被害者だったことに気づきませんでした。工場から私と引き換えにお金をもらった叔父がしていたことは人身売買に他なりません。そう考えると、私も人身売買の被害に遭った当事者です。人権や法律について学ぶ機会がなければ、自分が被害者だということにすら気づく機会はないのです。

　仕事は、サバイバーの人たちのグループの会合に参加するだけでなく、郡事務所などの政府機関や、他のNGOの人たちとの調整など様々です。停電が多いので、夜や休日にもパソコン

が使えるときには、報告書をまとめたりしなくてはなりません。出張も多いです。職員にはサバイバーとそうでない人がいますが、仕事をする上で、それほど違いは感じません。

　私は最初に専門職員として関わり始めたこともあり、今から当事者であることを主張する必要はないと思っています。時々「あなたも被害者ですか」と聞かれることはありますが、団体のルールに従って、「はい」とも「いいえ」とも答えないようにしています。シャクティ・サムハの中心メンバーは、性的搾取など、より深い傷を負った人たちですから、私は専門職員として、これまで同様、彼女たちを支えます。

　シャクティ・サムハを通じて様々な研修を受ける機会があったおかげで、人権、とりわけ女性の人権については深く学び、自信をもって的確なアドバイスをできるようなりました。自分が離婚を決意し、その手続きを進める過程で、こうした知識が役立ったことは言うまでもありません。郡の人身売買防止委員会などにも委員として参加し、法的措置やそのための支援についても学ぶことができました。15ヶ月間に及ぶ心理カウンセラーの研修を受講し、他の人を養成する研修も担当しています。休日も、他団体の人向けに研修をすることがあります。

　マクワンプル郡にある24の団体が加盟する人権保護ネットワークの役員もしているので、警察や女性開発事務所の担当官からも協力を求められることが増えました。地域の行政や他団体の人からも認められるようになり、自分の地位が確立できたと実感しています。シャクティ・サムハの本部から首都のカトマンドゥに異動しないかという提案がありましたが、マクワンプル郡の女性たちが、私にはずっといてほしいと言ってくれて

いますし、私もここで築いた信頼関係を維持したいので、ずっとこの地域で働くつもりです。

　すでにジャーナリズムで学士の学位を取りましたが、今は農村開発を学んでいます。勉強することが好きなので、5年以内に農村開発で修士号も取りたいです。もし、村で教育を受ける機会もなく、暮らしていたら、今頃自分はどんな人生を送っていただろうと思います。

第6章

当事者団体の特徴を生かした活動

　シャクティ・サムハの活動の特徴を理解するために、まず、サバイバーと彼女たちをとりまく人びととの関係を見ておきたい。図4は、人身売買サバイバーとステークホルダーと称されるその他の関係者の位置づけを示したものである。

　第1章第2節の図1で説明した権利に基づくアプローチ（RBA）の枠組みで見ると、①の人身売買サバイバーやリスクの高い女性や少女が権利保有者であり、②から⑤はサバイバーらの権利の回復やサービスの提供を行う義務履行者にあたる。ステークホルダーを狭義にとらえ、行政だけを義務履行者とする場合があるが、本書では、②非当事者のシャクティ・サムハの専門職員や、③家族、④地域社会は、⑤と同様に義務履行者と考える。③の家族は、当事者にとって必ずしも最も身近な理解者ではない。「家族の名誉を傷つけた」として人身売買のサバイバーに直接スティグマを与える場合もある。③の家族や④の地域社会は、当事者にスティグマを与える存在から、サバイバーの社会への再統合や、当事者団体の活動を受け入れる存在へと役割を変える可能性がある。また②の専門職員は、サバイバーの理解者として家族や地域社会への働きかけを共に行う。①から④が一緒になって⑤の行政等に働きかけることで、ようやく制度の変更が可能になると考えられる。

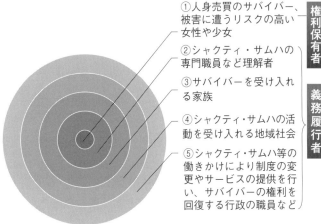

①人身売買のサバイバー、被害に遭うリスクの高い女性や少女

②シャクティ・サムハの専門職員など理解者

③サバイバーを受け入れる家族

④シャクティ・サムハの活動を受け入れる地域社会

⑤シャクティ・サムハ等の働きかけにより制度の変更やサービスの提供を行い、サバイバーの権利を回復する行政の職員など

権利保有者

義務履行者

図4　権利に基づくアプローチの視点で見た人身売買サバイバーをとりまくステークホルダーの関係

（筆者作成）

6.1　被害に遭ったサバイバーと被害に遭うリスクの高い女性・少女に対する活動

　シャクティ・サムハの設立メンバーは、自分がインドの買春宿から救出され、ネパールに帰還してNGOの施設で保護され、回復のための研修を受けて社会への再統合や生活再建を果たすという体験をしている。しかし、自ら受けた支援が、身体面でのケアに偏りがちで、自尊心や人権の回復につながるものではなかったと感じていた。自分たちの権利を主張する必要があると考えたことが、当事者団体設立の動機である。シャクティ・サムハが実施する様々な活動の中でも、当事者の視点が最も生かされているのは被害を受けたサバイバーへの支援と人

身売買防止活動である。

　ここでは、図 4 の①にあたる人身売買サバイバーと被害に遭うリスクの高い女性・少女に対する活動のうち、救出（Rescue）、帰還（Repatriation）、保護（Protection）、被害からの回復（Rehabilitation）、就労支援や収入向上のための融資ならびに技術研修の提供など生活再建（Re-build lives）支援、また法的支援を通じた訴追（Prosecution）について取り上げる。

1) 救出と帰還（Rescue and Repatriation）

　人身売買に遭った女性や少女の行き先は国内の場合もあるが、救出や帰還がより困難なのは国境を越えた人身売買である。シャクティ・サムハは、国外での救出に直接は関わらないが、インドのムンバイを拠点とするレスキュー財団[47]、西ベンガル州で活動する SANLAAP[48] とパートナーシップを結んでいる。そのルートを通じて 2011 年にはインドのコルカタ、ムンバイ、ゴア、デリー等から 7 人の帰還を受け入れた（Shakti Samuha 2011: 12, NHRC 2012: 187）。しかし、インド側の法的手続きが煩雑で、ネパールの女性や子どもが救出されても、帰還に至るまでの手引き書がないために、実際に帰還する女性や少女が少ないことを課題として指摘していた（Shakti Samuha 2012: 41）。そこで、シャクティ・サムハはインドの SANLAAP

47　Rescue Foundation の Web サイトによれば、シャクティ・サムハ以外のネパールのパートナーはマイティ・ネパールと Jana Uddhar Seva Samitee である。〈http://www.rescuefoundation.net/〉2016 年 11 月 20 日閲覧。

48　Sanlaap〈http://www.sanlaapindia.org/〉2016 年 11 月 23 日閲覧。

と共に「保護とケアの質―反人身売買行動」（Protection and Quality of Care ― Anti-trafficking Action）事業を実施しており、両者のパートナー団体である Terre des hommes（TDH）[49] と共に「安全と人身保護のためのマニュアル：国境を越えた帰還もしくは国内での移送」（Procedures for Safety and Personal Protection: Transportation during Repatriation or between in-country venues）を制作した（TDH and Shakti Samuha: 2012）。

　このマニュアルには、警察や移送する運転手からもハラスメントや性暴力を受ける危険性があること、帰還するサバイバーが病気を患っていたり、子どもを同伴している場合の対応、帰還時のメディアによるハラスメントに関する注意等が記されている。シャクティ・サムハの設立メンバー自身の苦い経験を、今後帰還する女性や少女が味わわなくてすむよう、移動中に携帯するとよいものなど細かいポイントに至るまでネパール語と英語で書かれている。

　支援者のための手引きとしては、国際移住機関が『人身取引被害者支援のための IOM ハンドブック』（IOM 2009）を作成しているが、被害者認定やシェルターの運営、法的支援など広い範囲の注意事項を 1 冊に収めているため、細部には及んでいない。世界中で使うことを意図しているため、実際に使う前には国や地域の事情に合わせて、より実用的なものにする必要がある。シャクティ・サムハが TDH と制作したものは、国境を越えた帰還に特化した内容で、かつ、ネパールの状況に合わせて

49　スイスの子ども支援 NGO。〈https://www.tdh.ch/en〉2016 年 11 月 27 日閲覧。

ある。マニュアル作成は専門家の仕事だと考えられがちだが、シャクティ・サムハが関わることで、当事者自身の経験が生かされていると言えよう。

2）保護、回復（Protection and Rehabilitation）

　保護や回復を目的とした活動は、首都カトマンドゥなどの都市や郡庁所在地で運営する施設を拠点にしたものと、村で結成された子ども保護委員会や当事者グループが行うものに大別される。村では、学校の教員や、村の世話役の他、各種グループのリーダーからなる子ども保護委員会や、当事者グループが、できる限り対応することになっている。ただし、村を離れて保護する必要が発生したときは、首都の施設まで連れて行くか、他のNGOが運営する保護施設に被害者を送る。

　カトマンドゥには、本部事務所以外に計4つの保護施設がある。人身売買のサバイバー、人身売買されそうになって村から逃げてきた人、また人身売買とは限らず性暴力を受けて逃げてきた人が利用できる。最初に女性や少女がたどりつくのが保護施設のシャクティ・センターである。2004年に設立されたシャクティ・サムハにとって最も古い施設である。人身売買のサバイバーや、村で暮らし続けることが危険であると判断された女性や少女は、安全確保のためにここにやって来る。まず健康診断を受け、必要な医療サービスや社会心理カウンセリングを受けながら、心身の回復をはかる。順調に回復すれば、ひとりで生活していくためのライフ・スキルや、危険から身を守るための護身術について研修を受けたり、ダンスなどレクリエーションをすることもある。

　次の段階で彼女たちが利用するのは、社会復帰施設の *Sangharshashil Mahila Aawaas*（ネパール語で「奮闘する女性たちの場」）である。ここには、本人が、社会復帰の手段として正規教育への就学・復学、または非正規教育の受講、職業訓練、就職のいずれを選ぶのか、また再統合との場として出身地に帰るのか、カトマンドゥに住み続けるのかを考え、方向性が決まった段階で移ることができる。この施設は、自活できる力をつける場として 2007 年から運営されている。

　これら 2 つの施設の利用期間は、両方合わせて最長 2 年間となっているが、必要に応じて延長することが可能である。2012 年度の利用者は、前年度からの継続が 27 名、新規が 46 名の計 73 名である。入所者の年齢層で最も人数が多いのは 16 歳から 20 歳の 31 名で、次が 11 歳から 15 歳の 19 名である。この数字からも思春期の少女が最も人身売買の危険にさらされており、後述する防止活動がこの年齢層を対象としているのが妥当であることがわかる。

　2012 年度新たに開設した作業所では、2 つの施設の入所者が、手工芸品制作やコンピューターの使い方を学んだり、勉強する場として、日中に使うことができる。仲間と話をしながら、ビーズ細工やさをり織[50] などの手仕事に没頭することは、癒しにもなり回復を助ける。制作したものは、支援者からの注文に応じて生産する他、直接訪問した人にはビーズのネックレスを一点 250 ルピー[51]、さをり織のショールは 500 ルピー程度

---

[50]　施設職員の R が 2012 年アジア女性自立プロジェクト Asian Women's Empowerment Programme（AWEP）の招きで 1 ヶ月間日本で研修を受けた。

で販売している。販売価格の 30 ％が本人の収入となる。これ
だけで生計を立てることはできないが、センターで暮らしなが
ら現金収入を得られることは、生活再建への自信につながる。
2016 年 8 月現在、20 名ほどの施設利用者がほぼ毎日作業に来
ている。そこで生産された商品は、2014 年に設立したシャク
ティ・ハンディクラフト・ワークショップという併設の営利部
門を通じて、米国や日本に輸出されている。

　上記 3 つの施設以外に、人身売買の被害に遭いそうになった
子どもや、サバイバーの子どものための寄宿施設も運営してい
る。シャクティ・サムハの職員や理事として関わるサバイバー
の子どもも、親と一緒に暮らせない事情がある場合に利用して
いる。

　シャクティ・サムハが保護施設を設立した年の年次報告に、
彼女たちがそれまでにない施設をつくろうとした想いが綴られ
ている（Shakti Samuha 2005: 9-10）。

　　回復のための場とは、刑務所のようであってはなりませ
　んし、決してサバイバーが囚人のように扱われてはなりま
　せん。歩いたり、作業をしたり、食べたり、話をしたり、
　といった基本的な人権としての自由が守られていなければ
　なりません。しかし、シャクティ・サムハのメンバーは自
　分たちの経験から、多くの施設でこうした基本的人権が守
　られていないことに気づきました。シャクティ・サムハが
　自前の施設をもっていないので、メンバー自身が暮らす場

51　2016 年 11 月 21 日現在、1 ルピーは 1.0246 円。

　所も含め、居場所を提供できなくて困っていました。シャ
クティ・サムハには自前の施設が必要です。シャクティ・
サムハでは、施設を「回復のための場」（rehabilitation
home）とも呼びたくありません。サバイバーたちには、
彼女たちが将来のことを考えることができ、安心できる居
場所さえあればいいのです。

　保護施設は、加害者も含む外部者の侵入を防ぐため、部外者
は一切立ち入り禁止になっているが、社会復帰施設と作業所は
事前に許可を得れば見学できる。社会復帰施設の利用者は学校
や作業所に出かけることが多く、それ以外の手厚い支援はされ
ていないように見える。1996年の一斉帰還のときに少女たちを
受け入れた現地 NGO の多くは、当事者のためを思い、厳重な
保護をし、また回復が順調に進むよう様々なケアをしたが、そ
れらが必ずしも尊厳の回復につながらなかったことをサバイ
バー自身が経験している。シャクティ・サムハの保護・回復のた
めの支援は、利用者本人の選択に委ねられている部分が大きい。

3) 生活再建（Re-build lives）
a) 就　　労
　救出や帰還から日が浅いサバイバーは、社会との再統合の場
として村の家族のもとに帰ることは少なく、都市で自活する選
択をする人にはシャクティ・サムハが就労支援を行っている。
社会復帰の途上にある女性たちが短期間の職業訓練を受けて
も、職を得られる機会は乏しい。生計が立てられる状態になる
までには、就職斡旋や起業指導を行い、仕事を始めてからも面

談を行ってフォローアップをする必要がある。

　シャクティ・サムハの活動の中で比較的新しいのが、職業斡旋コーディネーターによる就労支援である。2010 年 3 月から 12 年 6 月まで国際移住機関（IOM）と女性子ども社会福祉省による「人身売買リスク軽減事業」に、7 つのパートナー団体のひとつとして参加した。人身売買の「リスクの軽減」が目的なので、ドメスティック・バイオレンス被害者など人身売買の危険にさらされやすい人も対象になっている。ABC ネパールなど 3 つの現地 NGO は保護施設等を運営している。その他シャクティ・サムハを含む 4 つは当事者団体である。移住労働から帰国した女性の当事者団体ポウラキ・ネパール[52]、歓楽街で働く女性の当事者団体 Women's Forum for Women in Nepal（WOFOWON）、レストランで働く女性の当事者団体ビスワス・ネパール[53] がともに参加した。

　事業期間中に、205 名の女性が職業訓練や就労の機会を得た。うち 41 ％にあたる 84 名が就職し、35 ％にあたる 72 名が起業している。このうちのすべてが人身売買のサバイバーではないが、就労支援の傾向はわかる。起業した者は、仲間とともに仕立て屋や美容院を開いたり、養豚など家でできる仕事をしている。就職した 84 名は、登山用品の縫製工場やフェアトレード製品の生産団体、牛乳公社など 11 社に採用された。いずれもネパールでは大手組織で、それまで NGO や当事者団体がアプローチできていなかったところだ。IOM が企業の社会的責任

52　Pourakhi Nepal 〈http://pourakhi.org.np/〉2016 年 11 月 29 日閲覧。
53　Biswas Nepal 〈http://www.biswasnepal.org/〉2016 年 11 月 21 日閲覧。

（Corporate Social Responsibility: CSR）推進として商工会議所等を通じて働きかけたところ、関心を示したという[54]。

　企業から求人情報を得た当事者団体は、事業対象となる女性たちが応募書類を整えるのを助けるが、企業側に応募者の個人情報を知らせることはない。当事者がカミングアウトすることを望まないからである。つまり、応募者は、他の一般の応募者と同じプロセスを経て、競争に勝ち残らなければ採用に至ることはない。

　これまでこの事業の支援を受けた人身売買のサバイバーたちは、一旦は就労の機会を得ることができたものの、継続できないことが多かった。民間航空会社の社員食堂や、ショッピングモールのコーヒー販売コーナーの運営を任された人がいたが、場所の賃料が高い、インフレにもかかわらず提供する商品の値上げが認められないといった理由で、継続をあきらめた。蓄えのない女性たちは、わずかな収益の減少にも影響を受けやすく、長期的に見て安定した仕事より、時間給が高い歓楽街での仕事などを求めがちである。脆弱な女性たちは、危険な仕事と知りつつも、それ以外の選択肢がない状況に置かれる。この事業は人身売買されるリスクから女性を守ることを目的としているが、日々の暮らしで追いつめられている女性たちに対して、魅力的な就労の機会を提供できたとは言えない。

　シャクティ・サムハで職業斡旋コーディネーターを務めたラクシミによれば、2年あまりのこの事業の実施期間のうち、サバイバーなど就労を希望している女性たちの現実を「IOM が

54　2013年8月5日 IOM カトマンドゥ事務所でのインタビューより。

学ぶ」のに 1 年くらいかかったという。IOM の報告書でも「就労希望者のほとんどが 16 歳から 20 歳までと若く、学校を卒業していなかったり、就労経験がないために、企業の応募基準を満たすことができなかった」、「市民権証をもっていない就労希望者が多く、正規の職業訓練に参加することすら叶わなかった」ことを課題としている（IOM 2012）。IOM 側は、人身売買のサバイバーが抱えている基本的な問題を知らずに事業を計画したため、開始後、パートナー団体から不満の声があがった。企業側も国際機関である IOM に協力することに関心を示しても、人身売買問題への支援に関わるという姿勢はあまり見せなかったという。

　図 4 で見ると、本来 IOM の職員は②の立場に立ってサバイバーの事情を理解し、シャクティ・サムハと共に企業に働きかけることが求められる。しかし、他の国際 NGO や現地 NGO の職員と比べると、IOM 職員の当事者団体や人身売買という課題への理解は十分ではなかった。この事例は、当事者にカミングアウトを強いないで支援すること、また、市場競争の中で脆弱な当事者のニーズに応えた就労機会を創り出すことの難しさを示している。

b）就　　学

　生計手段を確保するための就労と並んで、サバイバーの女性や少女が強く求めるのは「学校に行くこと」である。シャクティ・サムハが就学機会を提供するのは、被害に遭ったために学業が継続できなかった人、また被害に遭う前にも就学経験がない人、そしてサバイバーの子どもたちである。

　ネパールでは、初等教育の1年次から習熟度を測る学年末試験があり、合格しなければ進級できない。また、結婚などを理由に学校を何年か離れて復学する子どももおり、年齢の異なる子どもが同じクラスで学んでいる光景は珍しくない。中途退学も多いが、復学もそれほど難しくない。

　村で暮らすサバイバーの子どもに対しては、奨学金の支給を行っている。子どもの奨学金という形でのサバイバー本人に対する経済的な支援であり、その子どもが学校に通い続けることで人身売買に遭わないよう防止する意図もある。マクワンプル郡で暮らす40歳代のサバイバーは、シャクティ・サムハからの奨学金のおかげで10年生まで息子を学校に通わせることができた。しかし、奨学金がシャクティ・サムハからのものであること、また奨学金を受けられるのは、母親である自分が人身売買のサバイバーだからだという理由を息子に伝えていない。息子も大きくなったので、気づいているのではないかと感じているが、自分から話すことはしないと言う。彼女は他のNGOのグループにも参加している活発な女性だが、人身売買のサバイバーであることはシャクティ・サムハのグループメンバー以外の村の人には話したくないと言っていた。

　サバイバーの女性やその子どもが学校教育を受けることは、知識を身につけて仕事を得る、つまり生活を支えるための実践的な意味をもつ。自信をもつことができ、自分が変わるということである。知識の取得だけでなく、学校に通って自信をもつことは、社会との再統合を促進させる可能性がある。一方で、シャクティ・サムハから就学支援を受けることを躊躇する当事者もいるのが現状である。

c) 村の当事者グループを通じた生計向上支援

　村の当事者グループに参加しているサバイバーは、帰還後間もない人ではなく、数年から数十年前に村に戻った人たちが多い。サバイバーの住まいが村内に点在していることもあり、グループの会合は、特別な事情がない限り、毎月1回しか開かれていない。2013年に筆者が訪れたヌワコット郡で2004年頃結成された当事者グループには、5つの村落開発委員会（VDC）からサバイバー35名が参加していた。自宅から会合場所までの徒歩での移動時間は、平均で2〜3時間、遠い人は6時間以上かかる。

　村の当事者グループに加入するということは、自分がサバイバーであることを少なくともグループのメンバーに公表することを意味する。同じ村で近所に住む人同士でも、グループに参加するまで互いに人身売買のサバイバーであることを知らなかったという例もある。

　村で人身売買のサバイバーだけからなるグループを結成しているのは、シャクティ・サムハのみである。現地NGOであるネパール家族計画協会（Family Planning Association of Nepal: FPAN）のグループにも人身売買のサバイバーが数名参加しているが、リプロダクティブ・ヘルスや家族計画の普及が目的であり、FPANのグループメンバーであると名乗ることで参加者が失うものはない。一方、シャクティ・サムハのグループの場合は、家族に打ち明けていない場合、夫やその家族、子どもの視線を気にしながら活動することになる。都市にいるサバイバーから見れば、村に戻ったサバイバーは「村に帰ることができた人たち」に見えるが、実際には「村に戻る他にすべがな

かった人たち」とも考えられる。夫や子どもとの関係を見る限り、帰還から何年経ってもスティグマを抱えたままで暮らしている人もいる。たとえ頻度は少なくても、また毎回の話題が人身売買に関わることではなかったとしても、自分と同じ体験をした人たちと安心して話ができることが参加の動機である。

　当事者グループの参加者がすべて生計向上支援を受けているわけではないが、必要に応じてシャクティ・サムハから小規模融資を受ける人もいる。取り組んでいる生計向上活動は、村での小商いや、山羊や水牛の肥育、野菜栽培など、村の収入向上事業としてごく一般的なものである。「シャクティ・サムハ以外から融資を受けることはできなかったのか」という問いに対して、前出のヌワコット郡のメンバーのひとりは「当事者グループに参加する以前は、自分が利用できるサービスが村にあることを知らなかった。シャクティ・サムハのグループのメンバーになってから、初めて他のグループにも参加するようになり、自分の村で協同組合を始めた」と答えていた。ネパールにおける信用貸付の普及は地域差があるので一般化はできないが、彼女たちは他に貸付を受ける機会があっても、サバイバーであることを隠して暮らしているので、社会活動に積極的に関わることができず、機会を生かすことができなかったと考えられる。

　生計支援のための融資は、サバイバーの困窮状況を改善するために行われている。返済率を上げるためには、確実に収益が上がるよう助言をし、融資と一緒に研修等が行われる必要があるが、シャクティ・サムハは助言や関連した研修を提供していない。家畜の肥育に投資するならば、獣医から家畜の病気の防

止について研修を受けることも考えられるが、シャクティ・サムハとして研修を企画すると、誰がサバイバーなのか研修の講師にわかってしまう。サバイバーのプライバシーの保護を考えると、シャクティ・サムハとして村のグループ活動に他団体からの協力を得ることは難しいものの、行政の出先機関が実施する一般向けの研修を紹介し、参加を促すなど、代替案が示されるとよい。

　マクワンプル郡の50歳代のサバイバーDは、帰還してすでに40年近く経っているが、3年間インドの買春宿で働かされていたことは、夫には死ぬまで黙っているつもりだという。夫にすべて話しているサバイバーもいるが、あえて話さない人もいる。同郡でインタビューした11名のサバイバーは、サーカスに売られた人が7名、買春宿に売られた人が4名だったが、自分が人身売買のサバイバーであることを夫に話した人はいても、子どもに話したという人はひとりもいなかった。子どもが後述の思春期グループで活動している場合は、シャクティ・サムハについて子どもが理解しており、母親がサバイバーであることを知っていると思われる。ただし、子どもたちにこの件について直接質問することは倫理的に問題があると考え、筆者は尋ねていない。

　村で暮らす人身売買のサバイバーによ

村で暮らすサバイバー（2012年、マクワンプル）

るグループ活動は、他の NGO が行っていないシャクティ・サムハの特徴的な活動である。しかし、村のサバイバーのカミングアウトに関する考え方には個人差があり、すべてのサバイバーが参加することはない。同じような経験をした仲間と安心して話ができる場を求めて参加する人もいれば、こうした活動のために外出することを家族に知られることを恐れている人もいる。シャクティ・サムハでは、社会的スティグマを抱えた人たちのグループを村で運営することのリスクや困難については、十分に議論されているとは言えない。過去にシャクティ・サムハがパートナー団体と実施した調査も、ほとんどが都市で暮らすサバイバーに関するものである。今後は、村の当事者たちがどのように活動を展開し、継続していくのか記録しておく必要がある。

4）訴追（Prosecution）

　加害者に対する訴追は、不処罰の連鎖を断ち切るための重要な柱である。しかし、判決までに時間や費用がかかることや、告訴には危険が伴うことから、年間推定被害者数が 5,000 人を超えているにもかかわらず、告訴数は非常に少ない。国家人権委員会の報告によれば、2006/07 年度から 2010/11 年度までの 5 年間で全国の郡裁判所が扱った人身売買に関する刑事事件は年間平均 282 件で、うち判決が下ったものは 39.7 ％と半数以下である。有罪判決が下ったのは、そのうち 63.3 ％の 71 件のみである（NHRC 2012: 211）。証拠不十分等を理由に無罪判決が下されたり、係争中のまま時間が経過することが多い。

　本人が裁判にかかる費用を負担できない場合は、人身売買問

題を扱う団体の法的支援部門や、一般の人権団体の弁護士らが
支援費用を調達している。結審までに時間がかかりすぎるとい
う問題については、シャクティ・サムハやマイティ・ネパー
ル、その他法的支援を行う団体が合同で裁判所に要請し、いか
なる係争案件も 2 年以内に結審すること、人身売買の係争案件
は継続審議の対象とすることが、決められた。

　シャクティ・サムハは、2012 年度に 20 件の法的支援を行い、
11 件で司法手続きをとっている。うち 7 件は郡裁判所で判決
が出ている（Shakti Samuha 2013: 12）。とりわけ注目されるのは、
ネパールの刑事裁判史上、最も長く、重い判決の出たバジル・
シン・タマンの事件である。インドのアグラで買春宿を経営し
ていた彼は、2007 年から 2009 年にかけて、外国や大きな町で
仕事を見つけてやると言って、13 歳から 16 歳の少女たちをシ
ンドゥパルチョーク郡の村からインドの買春宿に売った。被害
に遭った少女たちは、いくつかの買春宿から別々に逃げ出し、
シャクティ・サムハのシェルターで保護された後、訴えに踏み
切った。シンドゥパルチョーク郡裁判所は、6 人の少女を売って
強制売春をさせた 37 歳の彼に、170 年の懲役刑と 130 万ルピー
の罰金、ならびに 90 万ルピーの被害者への賠償金の支払いを
命じた[55]。その内訳は、2 人の少女の訴えに対して計 50 万ルピー
の罰金と 40 年ずつの懲役、他の 2 人の訴えには計 40 万ルピー

55　BBC News ASIA, Nepal jails sex trafficker Bajir Singh Tamang for 170
　　years, 〈http://www.bbc.co.uk/news/world-asia-18808358〉, The
　　Kathmandu Post, Court sends trafficker to 17- yrs in slammer, 〈http://
　　www.ekantipur.com/the-kathmandu-post/2012/07/11/related_articles/
　　court-sends-trafficker-to-170-yrs-in-slammer/237050.html〉, The Himalayan
　　Times, Girl trafficker sentenced to 170 years in jail, 〈http://www.

の罰金と20年ずつの懲役、さらに別の2人の訴えに対しての計40万ルピーの罰金と25年ずつの懲役である。彼の共犯者にもそれぞれ16年と12年半の懲役と6ヶ月の実刑判決、65万ルピーずつの被害者への賠償金の支払いが命じられた。

　シャクティ・サムハで扱った訴追の件数は2007年から2016年7月までに計43件である。被害当事者の保護や、家族との再統合も含めた対応がなければ、訴追だけを単独で行うことはできないという理解のもとに、法的支援を行っている。告訴に踏み切るかどうかは、サバイバーの再統合の選択と絡むからである。自分を売った者がわかっていても、警察に被害を届け、裁判を起こす人は少ない。親や親戚に売られた場合は特に、その後の家族との関係を考えてあきらめることがある。他人に売られた場合でも、加害者本人やその家族・仲間からの復讐の可能性がある。サバイバーが村に戻らず、安全な場所で暮らしていたとしても、村に残った家族が影響を受けることも考えられるため、告訴に踏み切るには相当の勇気が必要である。まずはサバイバー自身が身の安全を確保できるよう保護することが大切であり、また家族や地域社会との再統合をどのような形で果たすのか、相談しながら進める必要がある。

5）再統合（Reintegration）

　人身売買の被害者支援を重視したアプローチの中でも、とりわけ重視されているのが再統合（Reintegration）である。ネ

thehimalayantimes.com/fullNews.php?headline=Girl+trafficker+sentenced+to+170+years+in+jail+&NewsID=339316〉参照、いずれも2013年8月22日閲覧。

パールにおいては、①居場所の確保、②家族との再統合、③社会との再統合の３つの段階があると理解されてきた。そのためか、シャクティ・サムハのメンバーに「あなたにとっての『再統合』（*Purna sthaapanaa*）とは何ですか」と尋ねると、「自分の足で歩くこと」、「もとのように家族と暮らすこと」、「地域に受け入れてもらうこと」という回答が多い（大森 2013: 60）。彼女たちにとって「自分の足で歩くこと」とは、自分で生計を立てること、自信をつけること、自分の意思で決定して行動することなどを意味する（前掲書: 61）。しかし、その達成度は計測が難しいこともあり、シャクティ・サムハの場合は、保護施設を退所した人数を「再統合した人数」として報告している。2012 年から 2016 年 7 月までに年平均 20 人程度、計 117 人が記録されている。保護施設の入所期間を 4 ヶ月から半年程度に限定し、その期間が過ぎると家族のもとに送り届ける団体もあるが、シャクティ・サムハの場合は、設立当初から、家族のもとに帰すことは強要していない。できるだけ本人の意思を尊重し、家族のもとに帰った場合も問題が発生しないよう、2013 年からは、保護施設を退所するまでに、より慎重なプロセスを踏むようになっている。

　筆者が 2012 年 10 月にシェルターのひとつを訪れたとき、ヌワコット郡出身で人身売買される途中にインド国境で保護された 10 代後半の少女がいた。ネパールで最も長い休暇である秋の大祭ダサインの直前であったため、兄とその妻が村から彼女を迎えに来ていた。シャクティ・サムハの職員は、本人を同席させずに面談を行い、また、一緒に帰すと即断はせず、1 ヶ月ほど先の次の長期休暇まで待つようにと、家族と本人に伝え

た。少女はすでに4ヶ月間施設で過ごしており、家族が恋しくなる時期でもあることから、本人が面談に同席していれば、一緒に帰ると言い出す可能性が高かった。しかし、面談した職員は、兄夫婦が人身売買組織と関わっていないという確信がもてなかったため、すぐに帰す決断をしなかった。秋のネパールには長期休みが多いが、その年は2施設合わせて30人以上が休暇中も施設で過ごしていた。「保護」というからには当事者の安全を守ることを何よりも優先することが求められる。上記のような取り組みは、家族との難しい関係を理解している当事者団体ならではの慎重な姿勢であると言える。

　シャクティ・サムハでは、再統合の第一段階として「リスク・アセスメント」を行う。保護施設に滞在中、精神的な回復などが見られた段階で、家族のもとに帰った場合、どのような危険に遭う恐れがあるのかを職員が調査する。同じ村の住民が加害者である場合が少なくないため、再度被害に遭うのを避けたり、加害者訴追を行う際に復讐や嫌がらせをされる可能性の有無を調べる必要があり、家族についてだけではなく、近隣の環境も含めた聞き取りをする。この作業の過程で、シャクティ・サムハの職員自体が危害を加えられる危険もあり、細心の注意を払っている。アセスメントの結果、出身地に戻っても危険ではないと判断され、かつ本人もそれを望んだ場合は次の段階に進む。

　第二段階として「ホーム・アセスメント」と呼ばれる家庭訪問を行う。この段階で初めて、家族や親族と面接を行い、サバイバーを受け入れる際に必要な準備について話し合う。サバイバーの身体の安全を確保できる家であるかを確かめ、防犯が難

しいと考えられた場合は、窓に格子をつけたり、ドアに鍵をつけることを提案する。また、家族のもとに戻った後でサバイバーが日々どのように暮らすのか、就学や就労の可能性についても話し合う。

その後、最終段階として、ようやくサバイバー本人を伴った「再統合」となる。その際、サバイバーが当座の暮らしに困らないよう着替えや身の回りの必需品を持たせることがある。家族や親族との再会後、就学や就労の具体的な方法について話し合う。

このように慎重なプロセスを踏んでも、出身地に戻ってから人身売買の被害に遭ったことが知られるのを恐れ、怯えて暮らすサバイバーが少なくないこと、また、出身地で生計を立てられないことを理由に、一旦戻った村を出る人もいる。近年、「家族のもとに帰らないという選択も認めるべきではないか」、「出身地とは別の場所で、新たな人生を切り開くという方法でも社会に再統合されることは可能ではないか」といった意見が出されるようになり、シャクティ・サムハ内部でも再統合の再定義について議論されるようになった。

2016年7月にはWORECと共催で「人生の再建：人身売買のサバイバーにとっての再統合」と題したワークショップを開催した。全国から集まったサバイバーの当事者らが議論した結果、再統合の過程で留意すべき点として、次の提案をした[56]。

56　2016年7月6‐7日 National Workshop on Reintegration of Trafficking Survivors の報告書より。

・サバイバーの身体的・精神的・経済的・社会的なニーズとともに、生計手段の確保を重視する。

・支援者側ではなく、サバイバー本人の利益と自己決定を尊重し、必ず同意を得る。

・サバイバーが出身地に戻ることを望まず、新しい場所で生きていくことを選ぶ場合もある。サバイバーの自由と尊厳を尊重し、再統合を出身地への帰還に限定せず、サバイバーが望む場所で人生を営めるような環境をつくることによって実現されなければならない。

・サバイバーのニーズはその人の置かれた状況によって異なるため、再統合のための計画は単一ではなく、ひとりひとりのニーズに沿って立てられなければならない。

・女性の人権が確立されない限り、家族、また地域社会内での女性の尊厳は保障されない。女性が自由に働くことができず、男性と同じ賃金がもらえない状態では、女性は移住労働を選択せざるを得ず、再び被害に遭う可能性がある。再統合は、女性の権利が確立されてこそ実現可能である。

・一旦、再統合を果たした人も、定期的に見守る必要があり、そのニーズに従って、再統合後も継続した支援が必要である。

　この提案で強調されているのは、出身地以外で生きることを選択できるよう自己決定を尊重すること、それを可能にするための生計手段の確保である。その背景には、人身売買が起きる要因となった出身地域の経済・雇用環境に変化がない状態で、サバイバーが帰還すると再び被害に遭いかねないという懸念が

ある。人身売買の被害者の生活再建、また予防の一環として、農村での収入向上を支援している団体は多いが、その多くは、ミシンを使った縫製技術の習得や養鶏・養豚の初期投資にするための現金給付・貸付など従来からの活動である。そこからも収入は期待できるものの、外国への移住労働に比べれば少額であり、SLC 程度の学歴をつけた女性やその家族にとってあまり魅力的ではない。サバイバーのニーズも外的環境とともに変化していることから、「自分の足で歩くこと」を可能にするための生計手段の確保は不可欠である。

　出身地でなく都市で生きることを選んだサバイバーは、農村にはない接客業への関心が高い。職業斡旋コーディネーターの助力により、職業訓練を経て希望した職種に就いたサバイバーもいる。しかし、その後、自分で決めた道を貫けなかった例もある。その障壁となったのは、結婚した相手の反対だった。ヌワコット郡出身のＳさんは、20 歳で帰還後、シャクティ・サムハの勧めで美容マッサージをする訓練を受けた。コーディネーターのおかげでそのスキルを生かすことができるエステティックサロンに就職した。３年生までしか学校に行ったことがなかったが、片言の英語で会話をしながら、外国人の女性も相手にする仕事に、やりがいを見出していた。しかし、夫は、彼女がエステティックサロンで働くことを嫌がり、やめざるを得なかった。その後、マレーシアへの移住労働から帰国した夫が経営する飲み屋を手伝っているが、ツケ払いが多く、十分な儲けは出ていない。夫には、もう一度エステティックサロンで働きたいと言い出せないでいる。

　被害に遭った女性にとって最も辛く、また克服が難しいの

は、家族や地域社会からの排除である。生計手段の確保と並び、結婚はサバイバーの再統合にとって重要な要素である。民族や地域による若干の違いはあるものの、ネパールの女性にとって、結婚は個人の自由意志で選択するものというより、親や地域社会と良好な関係を保つための手段である。長年、結婚したくないと言っていたサバイバーの女性が結婚することになった際、「ネパールの女性にとって結婚は社会保障だから、仕方がない」と語った。実際には夫の暴力などで結婚が破綻している女性は少なくないが、結婚前には少なくとも、一種の社会保障だと考えられている。自分で生計手段を得ていれば、結婚しない選択も可能ではあるが、結婚してようやく一人前の女性であると親や地域社会から承認され、さらに子どもをもつことで、それが強化される社会ゆえ、独身で居続けることを選択することは困難である。人身売買の被害に遭って帰還する女性たちの多くが、20歳代前半以下の年齢であることから、親は娘を適齢期のうちに結婚させようと考える。「娘のため」という理由づけはされるものの、親も含めた一家が地域社会から排除されないために、娘には近所の他の女性たちと同じような人生を歩んでほしいという「親自身のため」という事情も見え隠れする。サバイバーの女性たち自身が、就労や就学により関心があるにもかかわらず、意に沿わない結婚を選ばざるを得ないこともある。その結果、就学や就労などが叶わず、「自分の足で歩く」ための機会を奪われることがある。

　サバイバーの女性が結婚を考える上でのハードルは、彼女たちが人身売買の被害に遭った経験を夫やその家族に伝えるか、また相手がそれを承知の上で彼女たちをありのままに受け入れ

てくれるかという点である。過去の経験の共有については、人身売買されたときの経験、性的搾取や性暴力に遭ったか、本人が抱えるスティグマ、また性規範に厳しいヒンドゥであるか非ヒンドゥであるかなど様々な要素によって異なる。夫に語らず結婚した人は、結婚生活に問題がなくても、いつか夫に知られるのではないかと不安を抱えながら暮らしている。一方、夫を信頼して話したものの、自分の過去について、夫から中傷された人もいる。結婚の成否には様々な要素が絡み合うため、どう行動すれば再統合につながるのか、といった予想はつけられない。しかし、「結婚する／しない」、「人身売買の被害に遭ったサバイバー女性であることを明かす／明かさない」といった選択を自分でしたか否かは、彼女たちがその後の人生の岐路に立ったときの「選択する力」に影響を与えるのではないか。

　シャクティ・サムハには、自分で結婚相手を選び、相手にも過去を話したものの、その後、関係が悪くなり離婚を選んだ人、相手に過去については話さず結婚生活を続けている人など、様々なメンバーがいる。多様な事例を身近なところで見ながら、年少のメンバーは自分の人生の選択に生かしている。

6.2　地域社会における人身売買の防止（Prevention）

　地域社会は、人身売買のサバイバーを理解し、受け入れることを期待されているが、再統合（Re-integration）のための活動以外に、防止や啓発の場でもある。ここでは地域社会での活動を紹介する。

　シャクティ・サムハが、設立直後の最も早い時期に始めたの

が地域住民に対して働きかける防止活動である。当初はカーペット工場やスラムなど、カトマンドゥ市内だけで活動していたが、現在では、人身売買の被害が多い地方の村でも実施している。防止活動の中心は職員ではなく、思春期の少年・少女によって結成されたグループや、当事者を含む村の成人女性が参加する女性保護委員会である。カーペット工場は近年規模を縮小したところが多く、人身売買の被害に遭う場も、カーペット工場等から歓楽街の風俗店等に移っているため、現在は工場での啓発活動は行っていない。女性保護委員会の活動については第3章第1節のフルマヤのライフストーリーで紹介した。ここでは思春期グループについて述べる。

　6年生から10年生（12歳から16歳くらい）の男女で構成される思春期グループは、シャクティ・サムハの職員から人身売買や人権に関する研修を受けた後、自分が暮らす地域や学校で、一般の子どもや大人を対象にした啓発活動を行う。例えば、11月25日から12月10日まで世界各地で同時に行われる女性に対する暴力に反対する「16日間キャンペーン」の期間中には、人身売買や女性に対する暴力に関する法律のクイズ大会を行っている。

　また設立以来力を入れているのは、路上や広場で行うストリート・

ストリート・ドラマで「人買い」を演じるスニタ
（2004年、カトマンドゥ、本人提供）

思春期グループのミーティング
（2012 年、マクワンプル）

ドラマ（村芝居）である。自分の地域で実際に起きた人身売買事件をベースに芝居を制作し、自分たちで演じる。人身売買防止のための啓発活動として手軽に取り組めるというだけでなく、ドラマ制作に関わる当事者や、グループの少年・少女たちがリーダーシップを身につける機会にもなる。

　最も初期に思春期グループが結成されたカトマンドゥ市内のスクォッター居住区では、グループの少女たちは、シャクティ・サムハの職員になったサバイバーたちをロール・モデルとして見ていた。彼女たちの親の中には、シャクティ・サムハのメンバーに対して偏見をもつ人もいるが、思春期グループのメンバーは、自分もサバイバーと一緒に活動することを誇りに思い、シャクティ・サムハの事務所にも頻繁に出入りしていた。

　村の思春期グループには男子も参加しており、場所によっては半数程度が男子である。農村には刺激的な活動の場が少ないため、村の若者全般が興味をもっていると思われる。とりわけ、新たな知識を得たり、ドラマをつくるような活動には男女ともに関心が高く、人身売買だけでなく、様々な人権問題に関心を広げている。

　シャクティ・サムハは、マッサージパーラーやダンスバーで

働く女性や少女にも啓発活動をするとともに、アメリカの
NGO、Free the Slaves の助成を受けて、労働の実態調査も行っ
ている。警戒心を与えずに彼女たちと関係を築けるのは、自分
の経験に照らし合わせて脆弱な人びとと接触できる当事者団体
の特質だと言える。

6.3　人身売買撲滅を担う人材に対する活動

　人身売買の撲滅には、当事者や NGO の専門職員だけでなく、
義務履行者の一部として、警察、医療・保健関係者など政府機
関からも多様な人材が関わっている。政府機関の人材は、地方
の現場レベルから中央レベルまで多様だが、シャクティ・サム
ハはそれぞれに対する働きかけを行っている。

　首都カトマンドゥでは、シャクティ・サムハが警察の高官や
派出所の巡査に対して、女性に対する暴力全般の研修を実施し
ている。シャクティ・サムハの行事に、警察官が参加し、発言
することも珍しくなくなった。警察との連携が評価され、2012
年に、シャクティ・サムハはカトマンドゥ首都圏警察署長から
表彰されている。

　人身売買やそれに伴う暴力の被害を発見する可能性が高いの
は、体調を崩した女性や少女の診察や治療行為を行う医療関係
者である。医療機関に勤務する専門職だけでなく、村で地域住
民の健康を守る保健ボランティアも、女性や少女の異変に気づ
きやすい立場にある。2012 年の場合、村の保健ボランティア
に対して人身売買の防止や、被害を受けた人の発見に関する研
修を行った。

　他に、地方自治体や女性開発事務所の職員なども、人身売買について学び、シャクティ・サムハと連携をとっている。シャクティ・サムハが郡レベルでのシェルター運営を任されたり、国家人身売買撲滅委員会にシャクティ・サムハの関係者が任命されるようになったのは、政府機関側との人的つながりを築いてきたからである。

6.4　政策提言活動

　政策提言活動の直接の対象は、図4（119頁）の⑤にあたる行政などの義務履行者である。⑤にサービス提供や制度の変更を求める際、シャクティ・サムハの当事者だけではなく、②から④の非当事者が共に要請行動に加わることが期待されている。

　シャクティ・サムハは政府への団体登録が完了した2000年から毎年会員総会を、また2007年からは不定期で会員以外も含む「全国人身売買サバイバー会議」を開催している。これらは人身売買のサバイバーが一堂に会するものとして最大規模であり、当事者が主導し、意見を集約する場として他のNGOの会合にはない特徴をもっている。

　2003年のサバイバーとの意見交換と、2004年の関係団体や政府関係者との対話の結果をまとめた「サバイバーの視点から見た救出・再結合・回復・再統合に関するガイドライン」（Shakti Samuha 2005: 17）は、2007年7月に制定された「人身売買及び移送（管理）法」に生かされた。

　2008年9月3日から5日にかけて開催された第2回全国人

身売買サバイバー会議では、それに先立ち、2ヶ月間かけて東部・中央・西部・中西部・極西部の5カ所で地域会議を開いた。全国会議と合わせて計511人のサバイバーと、計1,349人のステークホル

全国人身売買サバイバー会議で外務省高官に意見を述べるシャクティ・サムハのメンバー（2008年、ラリトプル）

ダーが参加した（Shakti Samuha 2008）。性的搾取を受けた人だけに限らず、インドのサーカスに売られた少女など、多様な経験をもった人が集まり、1935年に12歳で人身売買された経験を語る85歳の女性も含まれていた。

　会議期間中、サバイバー以外には公開されないプログラムもあったが、一般参加者にはサバイバーが教育を受ける権利、移住労働という名の人身売買とサバイバーの就労の権利、サバイバーのための社会保障と法律の執行、サバイバーの健康の権利、救出・回復・再統合の支援についての5つの分科会が公開された。筆者が参加した移住労働に関する分科会には、サバイバー以外に、外務省と労働雇用省の事務次官の他、制憲議会議員、政党リーダー、また人身売買問題に取り組むネットワークの代表者ら計40人が出席していた。地域会議で話し合った内容をシャクティ・サムハの代表が発表した後、会場の参加者が、男性と比べて女性は土地や財産の所有が少ないために移住労働を強いられること、また国内に女性の雇用が少ないことに

人身売買撲滅全国デーでアピールするシャク
ティ・サムハのメンバーと職員
（2014年、カトマンドゥ）

人身売買撲滅全国デーで
「少女たちは売り物じゃな
い！」とアピールするシャ
クティ・サムハの職員
（2014年、カトマンドゥ）

ついて発言した。また、年齢制限など移住労働に規制を設けて
も、実際には移住労働は行われており、性暴力などの被害に
遭った者が非合法行為を咎められるのを恐れて、加害者を訴追
できないことについて意見が出され、法や政策の改正を求め
た。また新しい憲法で国家として人身売買撲滅に取り組むこと
を書きこんでほしいといった要望が出された。外務省の事務次
官に対して、自分が中東で働いていたときに現地のネパール大
使館は自国民保護をしていなかったなど、厳しい意見を述べる
参加者もいた。

　この会合は、テーマ設定自体が「人身売買のサバイバーは社
会の他の成員と同等の権利を持たねばならない」というシャク
ティ・サムハの理念と合致しており、権利の回復に関わるテー
マで貫かれている。人身売買のサバイバーとその支援者、制度
変更などを求められる政府関係者というステークホルダーによ

る対話の場として設定されていた。いずれの分科会も省庁の高官や、制憲議会議員らに対してサバイバーが自ら意見を述べ、制度改革等について口頭ではあったが約束を取りつけた。会議の様子はテレビやラジオ等でも報道され、広報効果も高かった。

　その後、新憲法の制定などが優先され、法制度整備にはあまり進展がないが、国家人身売買撲滅委員会に委員を送り出していることから、シャクティ・サムハは人身売買関連施策の実施のモニタリングや、政策立案の場には関わり続けている。

6.5　2015年ネパール大地震後の活動

　シャクティ・サムハが活動する15郡のうち7郡は、2015年4月25日と5月12日の大地震で大きな被害を受けた。最も多くの死者が出たシンドゥパルチョーク郡の郡庁所在地チョウタラには、シャクティ・サムハのシェルターがあり、発災当時11人の女性と少女がいた。彼女たちは4人の職員と一緒にすぐに避難して無事だったが、カトマンドゥ本部の職員たちが来るまでの1週間は、屋外で過ごした。シェルターとして借りていた建物は、損壊を免れたが、隣の建物は全壊し、一帯が壊滅的な被害を受けた。代替の賃貸物件を見つけることは難しいため、とりあえず、カトマンドゥ郊外の別のシェルターに移った。しかし、余震が続いていたため、屋内で過ごすのは怖いと、外で眠ることもあった[57]。

---

[57]　2016年夏現在、もとの建物に戻っているが、同じ建物を使い続けることが怖いと感じる人もおり、他の建物への移転を希望している。

救援物資を配布するシャクティ・サムハの職員
（2015 年、シンドゥパルチョーク）

地震によって家を失った女性や、親を失った子どもが人身売買の被害に遭うことが懸念されたため、シャクティ・サムハは発災直後に活動を開始した。当初、政府は郡の災害救援委員会を通じた物資配布以外認めない方針をとっていた。しかし、その方法で果たして人身売買のサバイバーたちに物資が届くのかという意見が出た。そこで、人身売買に関する注意喚起の呼びかけを行うことが目的であると説明し、サバイバーや思春期の少年・少女グループのメンバーと確実に連絡がとれた村から順次訪問することになった。

　筆者が、5 月 7 日に物資配布に同行したシンドゥパルチョーク郡イルク村は全 751 世帯の大半が全壊で、郡事務所から居住可の判定が出ていたのは、わずか 53 世帯しかなかった。それらも修復が必要なため、736 世帯 3,443 人が避難生活を送っていた。訪れた集落では、わずかな防水シートしか届いておらず、壊れた家のトタンや資材を使って小屋を建て、複数世帯がひとつ屋根の下で夜露をしのいでいた。中には、6 世帯が一台ずつベッドを運びこみ、夜には合わせて 28 人が眠るという廃材で建てた小屋もあった。村を案内してくれた思春期グループのメンバーの少女は、地震発生後 10 日間以上経過しているの

地震後の救援活動中「人身売買に気をつけて」と呼びか
けるチャリマヤ（2015年、シンドゥパルチョーク）

に、一緒に避難している3世帯に対して30kgの米と2kgの
スープ用の豆が配給されただけで、あとは壊れた家に残ってい
たものを食べてしのいだと言っていた。

　村の入り口には「救援物資配布所」という横断幕をかけた検
問所のような場所があり、私たちが乗った車両も止められた
が、思春期グループのメンバー47人の名簿と、米や油、ビス
ケットなどすべて47袋ずつあることを見せると、配布所を通
過することができた。配布の準備をする間、職員のチャリマ
ヤ・タマンは、思春期グループのメンバーとその母親に「救援
で外からたくさんの知らない人が村に入っているけれど、一緒
に来たら食料をあげるといって近づいてくる人には注意するよ
うに」、「壊れた家の片づけや食料の確保で忙しいでしょうが、
小さい子どもから目を離さないで。子ども同士も友だちがいな
くなったりしていないか気をつけて」と、人身売買予防のメッ
セージを伝えた。

　思春期グループのメンバーは、地震によって学校が休校に

なったことで、幼児婚や人身売買のリスクが高まると考え、物資配布の機会を使って互いの近況を確認し、同級生の動向にも注意した。ある村では８年生になる14歳の少女が、学校の再開後に姿を消した。地震で家と家財の一切を失った彼女は、仕事を紹介してやるという男性に誘われて家族のもとを離れ、郡庁所在地のチョウタラにいることがわかった。思春期グループのメンバーは、本人を説得して連れ戻し、彼女が危険にさらされるのを未然に防いだ。平常時からの草の根のネットワークがあってこそ可能になった、人身売買の予防の例と言える。

マクワンプル郡やヌワコット郡などの被害の大きかった村では、女性の安全スペース、子どもの安全スペース、また損壊した学校の仮校舎でも思春期の少年・少女を対象にしたカウンセリングや、予防活動を行った。2016年７月までに、シャクティ・サムハによる人身売買予防活動に参加した子どもは81,113人、大人は46,803人にのぼる。

ユニセフ等の支援を受けて、長距離バスが通過するチェックポイントでの監視活動も行った。地元の青年クラブなどの男性ボランティアの協力も得て、朝７時から夜６時半までの間に４人一組で任務につき、バスに乗り込んで、親に同伴されていない子どもが乗車していないかを確認する。不審な子どもを見つけた場合は、郡の女性開発事務所に連絡して保護し、身元を確認後、自宅まで連れて行く。シンドゥパルチョーク郡のチェックポストでは、１日平均100台のバスが通過するが、シャクティ・サムハの職員とボランティアは、手際よく運転手に合図をし、車内に乗り込む。この方法で、７歳から12歳までの少年11人が同じバスで連れて行かれるのを防いだ日もあった。

　人身売買予防のための監視活動は、シャクティ・サムハだけでなく様々な団体によって被災郡の幹線道路とインド国境沿いの検問所付近で強化された。発災から4ヶ月後の8月までに全国で合計3,864人が人身売買に遭うのを未然に防いだ。

第7章

人身売買サバイバーの当事者団体から学ぶこと

　ネパールでは、シャクティ・サムハ以外に約 30 団体[58] が、救出、帰還、保護、医療やカウンセリング、教育や職業訓練の機会の影響、国境などでの監視活動、地域や学校での啓発、法や制度改正のための政策提言など、様々な角度から人身売買の問題に取り組んでいる。ここでは、シャクティ・サムハの特徴と課題、そして支援する側の役割についてまとめる。

7.1　当事者団体としての特徴

　人身売買サバイバーの当事者団体としてのシャクティ・サムハの特質は、三点に集約される。第一に、自身も被害に遭った経験を有し、当事者のロール・モデルとして振る舞うことができるメンバーが職員の中にもいることから、保護や防止活動の対象となる女性や少女たちに近づきやすく、信頼関係を築きやすい。第二に、活動の中で、自己決定権の尊重をしている。第三に、外部者が代弁するのではなく、サバイバーの視点から、訴求力の高い政策提言ができる。

58　2016 年時点で国家人権委員会に報告しているのは計 27 団体（NHRC 2016: xv）だが、それ以外にもあると考えられる。

　一点目の、職員や理事にサバイバーがいることは、シャクティ・サムハの最大の特徴である。一般に、被害に遭った女性は、外部者との接触や、自分の過去を知られることを恐れる傾向があるが、自分もサバイバーである職員は、こうした女性たちの心情を理解し、自分自身の経験を伝えながら、彼女たちとも接触できる。また、人身売買の被害に遭いやすい女性たちが働いているマッサージパーラーなど、他のアクターが入っていきにくい場でも関係を築き、調査や予防のための活動を行いやすい。被害に遭った女性たちにとってシャクティ・サムハは「最も貴重な情報源」（Poudel 2011: 229）として認識されていることからも、サバイバーが伝えるメッセージがとりわけ重要視されていることがわかる。1996年にインドから帰還した女性や少女を受け入れたNGOの中には、HIV感染を疑って血液検査を強要し、メディアや政府、家族に彼女たちが人身売買に遭ったことを知らせてしまった団体もあった。こうした行為は、彼女たちが現地NGOに対して不信感をもつ原因になった。一方、シャクティ・サムハについて、サバイバーの女性たちは「家庭であり、力であり、世界であり、すべてである」と語っている（前掲書：233）。活動対象の女性や少女たちと緊密な関係を結べるという点は、シャクティ・サムハがより効果的な支援をする際の利点と言える。第3章に登場したフルマヤやラクシミ、第5章で紹介したチャリマヤやスニタらは、日々ロール・モデルの役割を果たしている。彼女たちが自分の人生を自分で切り開いた軌跡は、被害に遭った女性や少女を励ますと同時に、目標にもなっている。

　二点目の自己決定権の尊重は、シャクティ・サムハの活動全

般に浸透しているが、他団体との違いが際立っているのは、被害を受けた女性や少女の保護に関する活動である。例えば、マイティ・ネパールの場合、シェルターなど保護施設の規模は大きいが、そこで暮らす女性や少女たちの暮らし方には大きな違いがある。筆者はマクワンプル郡でマイティ・ネパールが運営するシェルターを訪れたことがあるが、そこで暮らす女性や少女たちは、制服として定められたサリーを着用して職業訓練を受講するなど「規律ある生活」を送ることが求められていた。通常、６ヶ月間の職業訓練受講後は、村の実家に帰郷することが求められ、町に留まって自分で小商いを始めるといった選択は奨励されていない。一方、ABC ネパールは、シャクティ・サムハ同様、帰郷は強要せず、町に留まるかどうかは女性や少女たちに判断を任せているが、人身売買のサバイバーたちがピア・グループを結成するといった、当事者を横につなげる活動はしていない。自己決定を尊重するには、自分をありのままに受けとめてくれる団体やその職員、同じような経験をした仲間との出会いが重要である。サバイバーたちが孤立を解消し、自己肯定感をもち、自立した態度や行動につなげるための土台となるピア・グループは、自己決定を可能にする装置とも言えよう。また、「どこで暮らすか」と並んで「誰と暮らすか」、特に結婚はサバイバーの再統合にとって重要な要素である。シャクティ・サムハの場合は、サバイバーの結婚に反対することはなく、チャリマヤやアスミタの例が示しているように、離婚を望む人に対しても、その選択を支える環境がある。女性の人権に関わる団体でも、未だに女性の離婚をタブー視する傾向があるが、シャクティ・サムハにおいては、どのような場面でも本人

の意思を尊重し、その決定を支えることに一定の合意がある。

　三点目のサバイバーの視点からの政策提言については、訴求力のある提案ができるようになるまでに数年を要した。結成当初はシャクティ・サムハのメンバー自身が自己の尊厳の回復過程にあり、会合で発言することすら困難であった。団体として特徴が知られ、現場での活動が進展し、他団体や政府、ドナーに知られるようになってはじめて、メンバーは人身売買に関する様々な会合に招待されるようになった。彼女たちは、2001年に女性子ども社会福祉省がまとめた「子どもと女性の人身売買による性的・労働搾取防止のための国内行動計画」の作成に関わった。その後も、サバイバー集会などでの意見集約を2007年の法制定で生かし、また近年では、その改正が必要であることを訴えている。従来、ネパールのNGOは特定政党との結びつきが強く、政策提言においても党派性を超えた連帯を組むことが困難であった。シャクティ・サムハは、様々なネットワークに参加することによって、アドボカシーによる課題解決が可能であることを示そうとしている[59]。外部者が代弁するのではなく、サバイバーの視点から働きかけを行うことは、当事者の主体性を強調する上で重要である。しかし、当事者だけが外部への働きかけを担うことは必ずしも効果的ではない。団体内や

59　シャクティ・サムハは人身売買問題に取り組む団体や政党と分け隔てなく付き合い、政策提言活動においてもすべての党に働きかけるよう工夫してきた。しかし、議員たちが必ずしも自分たちの意見を聞いてくれるとは限らず、意見を直接議会で伝えてくれる自分たちの代表がいるのが望ましいと考えることもあった。2008年の制憲議会選挙の際、当時の代表がネパール共産党（連合派）の比例代表制候補となったが、議席を獲得することはできなかった。

パートナー団体の非当事者の専門職員など、当事者に近いステークホルダーと共に、その他のステークホルダーに働きかけることが求められる。

7.2　当事者団体としての課題

　シャクティ・サムハが当事者団体としての特徴を長所として生かした活動は、人身売買の問題に取り組むネパール国内外の団体だけでなく、セクシュアル・マイノリティやHIV感染者など、カミングアウトがしづらく、社会的スティグマを抱えた人びとにも影響を与えている。歓楽街で働く女性やシングル・マザーたちがそれぞれ当事者団体を結成し、女性の人権を回復する運動は、高い教育を受けたエリート女性たちだけのものではなく、当事者の女性たちこそ中心になるべきだという潮流が生まれつつある。

　しかし、団体の規模が拡大し、活動が広がる一方で、課題もある。一つ目は、共通のアイデンティティを基盤に結成された団体内部でより細かな差異を探して相互排他的になり、団体が分裂する傾向にある点である。メンバーの中でも、より辛い体験をしたり、困難を抱えた人が、その他のメンバーを排除しがちになる傾向は他の当事者団体にも見られる。シャクティ・サムハの場合、「より辛い体験」とは「性的搾取」を指す。人身売買の被害に遭った女性と少女であれば、従事した職種を問わず会員になることができるが、2010年以降、理事に選出されるのは、売られた先で性的搾取の被害に遭った人だけになった。当時の代表は、国内で人身売買の被害に遭った元家事労働者の

女性で、結成期からメンバーとして団体の組織強化に大きな貢献をしていた。しかし、性的搾取に遭ったメンバーほど辛い体験をしていないため団体を代表することはできない等の理由をつけられ、代表職を解かれた。この変更の過程は公にされていないが、理事会内でメンバー同士の対立があり、「より辛い体験をした人」を前面に出していく転換点となった。幸い、村の会員の間では、こうした対立や相互排他はほとんど見られないが、本部レベルでは、ムンバイの買春宿で働かされたサバイバーを頂点に、性的搾取に遭ったメンバーが理事会を構成している。現在も団体の使命や活動目的を記した文書に、性的搾取を伴う人身売買の被害者を特別に扱うとは記していないが、あらゆる形態の人身売買の被害に遭った女性や少女が共に闘うという発足当初の機運が薄れ、シャクティ・サムハを離れて別の団体を立ち上げたメンバーもいる。

　二つ目は、リーダーシップの偏りである。民族やカーストによる社会的排除が問題とされてきたネパールにおいては、シャクティ・サムハに限らず、非ヒンドゥ諸民族や下位カーストに属する人びとの中から職員や理事を登用することがすすめられてきた。人身売買の被害者には、非ヒンドゥ諸民族や下位カーストの割合が比較的高いが、近年、上位カーストの女性は理事にはまったく入っていない。ネパールにおいては、民族やカーストの出自が、より困難な状況を示す指標とされているため、この問題は一つ目の課題と同根である。発足当初は、特定の民族・カーストに偏らないリーダーシップ育成に力を入れており、上位カーストの女性も理事になっていた。出自より、人身売買による被害という社会的スティグマの共有を団体の基盤と

してきたが、民族やカーストを理由に、上位カーストの女性が活動への参加の機会が奪われているように見える。その結果、特定のリーダーが長期にわたって有給ポストに就く傾向にあり、今後、健全な形でリーダーシップが継承されていくのか懸念される。

　三つ目は、カトマンドゥで団体を率いるリーダーと村の一般のメンバーの意識の乖離である。村で暮らすメンバーの中には、第３章で紹介したフルマヤのように、中央のリーダー同様に自分の過去について語り、活動している人もいるが、稀な例である。カトマンドゥで暮らすリーダーたちは、被害者からサバイバーへと自称を変え、メディアで取り上げられることも増え、女性運動やNGOの連合体での存在感を発揮することで、自己肯定感を高めていると言える。一方、帰還から何十年も経っても、家族に知られるのを恐れながらグループ活動に参加する村のメンバーは、シャクティ・サムハの活動に参加することで尊厳の回復はしつつあるものの、リーダーたちの変化と比べると、スピードもスケールにも大きな違いがある。組織の成長につれ、中央のリーダーと村の一般会員の間の意識の差が広がるのは、当事者団体やNGOに限らず、企業等にも見られるが、当事者団体は共通の体験を出発点としているだけに、一般メンバーがリーダーを「私たちの仲間」と思えなくなり、「遠い存在」と感じるようになると、団体の存在意義が問われかねない。

　最初の二点は、団体の水平方向での分裂を、三点目は垂直方向での弱体化を招きかねない。いずれも、当事者団体に限らず、あらゆる組織に見られることではあるが、当事者団体ゆえ

にその問題は顕在化しやすく、また活動への影響も大きい。

▌7.3　支援する外部者の役割

　シャクティ・サムハの結成を促し、政府に登録し、独立するまでの創設期において、最も関わりが深かったのは、現地NGO の WOREC である。その最初の役割は、当事者の組織化と安全な活動の場の提供、自助組織から当事者団体となるために必要な研修の実施や資金調達の支援など組織強化であった。

　シャクティ・サムハが国際 NGO から資金助成を受け、事務所も WOREC とは完全に別になった後の成長期には、AATWIN などネットワークを通じて多様なアクターとの協働を促し、政策提言活動等を合同で行っている。現在は、WOREC の関係者がアドバイザー委員会の一員として助言を行っている。

　WOREC 自身は、1991 年の設立当初は、農村を活動拠点とし、HIV など感染症についての保健教育やリプロダクティブ・ヘルスに関するサービス提供、非正規教育、農業振興などを通じて女性の直接支援を実施していた。活動の一環としてダリットや先住民などの自助グループの結成と育成を行い、徐々に活動の中心を直接支援から人材育成へと移していった。シャクティ・サムハ以前に WOREC が結成に関わった草の根の団体は、現在も会員間だけに限られた相互扶助のための自助グループとして活動している。

　シャクティ・サムハが当事者団体として成長したことは、WOREC 自身が、当事者団体の育成をより意識的に行うきっか

けになった。現在では、歓楽街で働く女性や、セクシュアル・マイノリティなど社会的スティグマをもつ多様な女性たちが当事者団体を結成して活動できるよう、財源の確保に関する助言や組織強化の支援を行っている（Tanaka 2016）。

　これらの当事者団体は、WOREC が組織した女性の人権に関する全国的なネットワークである National Alliance of Women Human Rights Defenders（NAWHRD）に加盟している。NAWHRD は、女性の人権活動家に対する人権侵害の問題を取り上げた国際キャンペーンを契機に 2005 年に結成された。女性に対する暴力の撲滅、女性の健康の権利、セクシュアル・マイノリティ女性の権利、HIV/AIDS に感染した女性の権利、自然資源管理における女性の権利、土地問題における女性の権利、女性にとっての居住権、インフォーマルセクターで働く女性の権利、債務労働者として働く女性の権利、先住民や周縁化された女性の権利、ダリット女性の権利、障害をもつ女性の権利、寡婦など単身女性の権利など、多様な課題を扱う団体が加盟している。共通の課題は、ジェンダーに起因する暴力の監視と根絶である。WOREC が直接結成に関わった当事者団体だけでなく、様々な分野で活動する女性の運動体に働きかけた結果、2013 年 5 月現在の加盟団体は 21 団体にのぼり、全 75 郡の約 2,500 人の女性活動家たちが地域で人権監視活動に関わっている。このネットワークは、当事者団体同士が学び合い、また合同で政策提言活動をする場である。シャクティ・サムハはこのネットワークの加盟団体の中では設立から年数を経た団体であり、その経験を他の女性たちに伝えている。

　WOREC とシャクティ・サムハの関わりは、研修などの実施

や、ネットワークを通じた活動であり、資金供与の関係にはない。つまり、WOREC はドナーではなく、シャクティ・サムハの文書上も、また WOREC の文書上でも、互いにパートナー団体という扱いにはなっていない。しかし、実質的なつながりという意味では、WOREC は資金提供をした団体と同様かそれ以上に、現在のシャクティ・サムハをつくり上げる過程に貢献していると言える。

　設立初期に資金提供を行ったオランダの NGO であるママ・キャッシュとアメリカの女性団体グローバル・ファンド・フォー・ウィメン、ネパールに事務所を置きシャクティ・サムハの活動に多くの助言と組織強化のための支援を提供したオックスファム GB とセーブ・ザ・チルドレン・ノルウェーなどが、シャクティ・サムハが組織基盤を固める段階を支えた団体である。その後は、アシャ・ネパール、Free the Slaves、Child Welfare Scheme などの国際 NGO が被害者保護や人身売買防止活動の事業に対して資金助成を行っている。

　設立以来の組織の成長過程を振り返ると、結成から政府への登録までの3年間は、設立時のメンバー自身が自分の尊厳を回復する時期でもあり、活動の範囲は限られていた。しかし、リーダーたちは、受け身なイメージのつきまとう被害者という立ち位置から、困難を乗り越えるサバイバーへと自称を変化させ、人身売買のサバイバーという集団的アイデンティティを形成していった。村のメンバーとの間には自称をめぐる意識の差はあるものの、その後、シャクティ・サムハが世界で最初に設立された人身売買サバイバーの当事者団体として、国内外で認知されるようになるための転換点となった。

　結成当初の活動を担ったのは人身売買サバイバーの当事者の
みであったが、資金供与を受け、活動が拡大する過程で、財務
管理や法的支援、カウンセリングを行うための専門性をもった
非当事者の職員がシャクティ・サムハの職員として関わるよう
になった。非当事者と協働することによって、スキルの高い人
材が少ないと言われる当事者団体の弱点を克服した。非当事者
と日頃から活動していることは、各種ネットワークで現地
NGO と共に活動する際の自信になった。

　組織の成長を支えたのは、現地 NGO の WOREC の他、組織
強化や活動を支援した国際 NGO である。初期においては共同
で事業に資金提供をしたり、調査を共に行った例がある。また
シャクティ・サムハの活動が軌道に乗ってからは、すでに行わ
れている事業を別の郡で展開するなど、地理的拡大に寄与した
支援団体もある。このようなパートナー団体間の協働や相互補
完は、当事者団体に負担をかけることなく効果的に支援を拡大
あるいは発展させるための配慮と考えられる。1997 年以来 20
年間にわたって、シャクティ・サムハが人身売買サバイバーの
当事者団体としての特徴をもち続けながら活動を展開できたの
は、組織の成長段階に合わせた支援をパートナー団体から受け
ることができたからであろう。

おわりに

　本書は、当事者のライフストーリーを紹介することによって、人身売買の被害の実態から克服の過程について理解を促すとともに、スティグマを抱えた人の社会への再統合過程における当事者団体の存在意義と役割を示すことを目的とした。人身売買の被害を乗り越えたサバイバーと出会うことの少ない日本の読者にとって、チャリマヤたちの体験は、想像を超えるものだったのではないかと思うが、それ以上に注目してほしいのはその後、彼女たちがたどった克服の過程、即ち、居場所を確保し、家族や社会との再結合を進める過程での彼女たちの葛藤である。そのような葛藤を自ら潜り抜けてきたメンバーがロール・モデルの役割を果たしていることが、当事者団体であるシャクティ・サムハの最も重要な存在意義である。

　もちろん、人身売買された場所から救出されたものの、回復を果たすことができなかった人、再び被害に遭った人、あるいは他の女性や少女たちを売る加害者側になった人、またシャクティ・サムハに参加したものの、リーダーシップなどの対立から離れていった人もいる。サバイバーがみな本書で紹介した女性たちのように困難を乗り越えられたわけではない。また、団体としてのシャクティ・サムハも万能ではなく、組織としての課題は尽きないが、サバイバーの当事者団体という特徴を最大限生かした活動をしていることは注目に値する。

　当事者を中心に据えた課題解決が重要であることは、理解されつつあるものの、社会的スティグマを負った人たちが、当事

フルマヤ（中央）、アスミタ（右）と筆者（左）
（2016年、マクワンプル）

者団体を結成し、さらに政策提言等も行っていくことは、未だ容易ではない。それを可能にするためには、当事者団体が活動しやすい環境をつくり、組織基盤が固まるまでの間に団体を育てるための支援が必要である。

課題解決の主役は当事者だが、それを可能にするのは、我々、社会を構成する者たちである。シャクティ・サムハの事例から、当事者を中心に据えた課題解決を可能にするために、我々の社会がどうあるべきか考えるヒントになれば幸いである。

謝　辞

　シャクティ・サムハの職員、ボランティア、アドバイザー、また会員として活動に関わるみなさんとその家族とは、シャクティ・サムハ設立以来、20年にわたって付き合ってきました。この本の執筆にあたって、あらためてインタビューに応じてもらいました。度重なる問い合わせに根気よく対応してくださったスニタ・ダヌワールさん、チャリマヤ・タマンさん、アスミタ・タマンさん、フルマヤ・チュミさん、ラクシミ・プリさんには、辛い体験も含めて語ってくれたことに感謝します。支援団体との関係についてたびたび意見交換に応じてくださったWORECのレヌ・ラジバンダリさんと、元オックスファムGBのミナ・ポウデルさんの長年の友情にも支えられました。

　この本は、2013年度に日本福祉大学大学院国際社会開発研究科に提出した博士論文「当事者団体とのパートナーシップによる包摂型援助のあり方に関する研究：ネパールにおける人身売買サバイバー団体の成長過程の事例から」をもとにしています。的確にご指導くださった穂坂光彦先生、岡本眞理子先生、斎藤千宏先生にお礼を申し上げます。博士論文として、あの時まとめておかなければ、この本が世に出ることもありませんでした。

　人身取引のない世界をつくるために活動しておられる明治学院大学の齋藤百合子さん、NPO法人人身取引被害者サポートセンターライトハウス代表の藤原志帆子さん、認定NPO法人かものはしプロジェクトの清水友美さんからは、草稿に対して

示唆に富んだコメントをいただきました。シャクティ・サムハの手工芸品部門の設立に尽力したNPO法人アジア女性自立プロジェクト理事の大森恵実さんには、着想段階から本書の構成について相談にのっていただきました。みなさんが出版の意義について共感してくださったことで、途中で投げ出さず取り組むことができました。当事者団体だけでは到底解決できないこの問題に取り組むみなさんとは、社会を変える仲間としてこれからも共に闘っていきたいという思いを新たにしました。

　文京学院大学卒業生の森崎瑠衣さんは、2013年度の卒業論文でシャクティ・サムハについて取り上げた後も関心をもちつづけ、本書の第2章で取り上げた米国国務省発行の『人身売買報告』のネパールに関する報告部分の整理を手伝ってくれました。文京学院大学のゼミ生と訪れたシャクティ・サムハの活動地は、2015年の地震で大きな被害が出ましたが、本書の出版は、シャクティ・サムハやその活動地のみなさんを元気づけることにつながります。

　資料の「人身売買及び移送（管理）法」の翻訳でご協力くださったのは、ジェンダー専門家として女性支援に関わる斎藤文栄さんです。カナダからイギリスへのお引越しの時期と重なったにもかかわらず、法律用語に疎い私に代わって作業をしてくださいました。他にも多くの国内外の友人・知人・学生のみなさんに資料の確認作業を助けてもらいました。作業過程でのみなさんの励ましに感謝します。

　ネパールで活動するフランスの国際協力NGO、プラネット・オンファン・デベロップモン（Planète Enfants & Developpement、日本語で「子どもたち惑星と開発」の意）は、写真家のナタ

リー・ドゥ・オリベイラ（Natalie de Oliveira）さんによる人身売買と闘う女性たちの写真展 Radiant Women（光輝く女性たち）の写真をこの本に転載することを認めてくださいました。シャクティ・サムハを支援する NGO の関係者とは日頃から情報交換をしていますが、同じ想いで活動する仲間たちと国境を越えてつながることができるのは、この仕事を続けてきて最も嬉しいことのひとつです。

　表紙は、グラフィック・デザイナーの坂下明日香さんにお願いしました。シャクティ・サムハの団体の特徴をよくつかんだデザインを提案してくださり、ありがとうございました。最後に、上智大学出版事務局、株式会社ぎょうせいのみなさんに感謝します。

資　　料

人身売買及び移送（管理）法

〔Human Trafficking and Transportation（Control）Act 英語版からの訳〕

承認・施行日　2007 年 7 月 24 日

2064（2007）年法律第 5 号

前文

　法の施行により、人身売買及び移送を管理し、またこのような行為の被害者の保護及び社会復帰の手段として、「立法議会」がこの法律を制定する。

第 1 章　序文

1．略称、拡張及び施行

(1) この法律は「人身売買及び移送（管理）法、2064（2007）」と呼ぶことができる。

(2) この法律は即時に施行されるものとする。

(3) この法律はネパール国内で適用されるだけでなく、国外においてネパール国民に対しこの法律に掲げる罪を犯したいかなる者に対しても、この法律の効力が及ぶものとする。

2．定義

　この法律において、文脈上、別段の指定がない限り、

　(a)「犯罪」とは、第 3 条に定めた行為をいう。

　(b)「センター」とは、第 13 条に従って設立された社会復帰センターをいう。

　(c)「被害者」とは、売られ、移送され、もしくは売春させられた者をいう。

　(d)「子ども」とは、18 歳未満の者をいう。

　(e)「搾取」とは、人間を奴隷及び強制された状態にする行為をいう。この文言は現行の法律で規定されている場合を除き、人

の臓器を摘出することも含む。

　(f)「定められた」もしくは「定めた通り」とは、この法律で定められた規定に則り定められた、もしくは定めた通りということをいう。

第2章　犯罪行為及び捜査に関する規定

3. 人間は取引及び移送されるべきではない。

(1) 何人も、人身売買及び移送を行い、もしくは引き起こしてはならない。

(2) 第1項で規定する行為を行った者は、この法律に定める罪を犯したものとみなされる。

4. 人身売買及び移送とされる行為

(1) 以下の行為をした者は、人身売買をしたとみなされる。

　(a) 目的にかかわらず、人を売り、もしくは買うこと。

　(b) 利益の有無にかかわらず、人に売春させること。

　(c) 法律で定められた場合を除き、人の臓器を摘出すること。

　(d) 売春すること。

(2) 以下の行為をした者は、人の移送をしたとみなされる。

　(a) 売買の目的で、人を国外に連れ出すこと。

　(b) 人を、誘惑、勧誘、誤報、偽造、計略、強制、誘拐、人質、魅惑、影響、脅迫、権力の乱用などの手段、及びその人の保護者もしくは監護者に対する勧誘、脅威、脅迫もしくは強制の手段によって、彼／彼女の家または居住地から、もしくは人から連れ去り、彼／彼女を監禁、または、ネパール国内もしくは海外の任意の場所への連れ去り、もしくは彼／彼女を売春及び搾取の目的で他人に引き渡すこと。

5. 報告

(1) この法律の第3条に定める罪が犯された、または犯されたかもしれないと知った場合、彼／彼女は最寄りの警察署に報告することができる。

(2) 第1項に従い報告をした者が書面で匿名を希望した場合、その

報告を記録した警察署は、彼／彼女に関する秘密を守らなければ
ならない。

6．陳述書の認証

(1) 第5条に従い報告を行った者が被害者であった場合、警察署は
直ちに陳述を取らなければならない。また陳述書を認証するため、
被害者は最寄りの地方裁判所に早急に連れて行かなければならな
い。

(2) 警察署が第1項に従って認証のため陳述書を持ち込んだ場合、
地方裁判所は、現行の法律の規定にかかわらず、また陳述書に書
かれた犯罪がその地方裁判所の管轄でない場合でも、その陳述書
を読み上げ、陳述書と異なる、あるいは陳述書に書かれていない
内容がないか確かめた後、陳述書を認証しなければならない。

(3) 被害者の陳述が第2項に従い認証された場合、被害者がその後
の裁判手続において裁判に出席しなかった場合でも、裁判所は認
証された陳述書を証拠として採用することができる。

7．逮捕及び捜査

(1) この法律の下、犯罪と考えられる行為が家屋、所有地、場所、
車両で行われた場合、または犯された、あるいは企てられたと考
えられる場合、またその犯罪に関与している加害者が逃亡、ある
いは迅速な行動がとられないため証拠が隠滅または破壊する恐れ
がある場合、現行の法律の規定にかかわらず、副警部補以上の階
級の警察官は、報告書を作成し、また以下に掲げる活動をいつで
も遂行することができる。

　(a) 該当する家屋、所有地、場所、車両に立ち入り、捜索し、差
　　し押さえすること。

　(b) 職務を遂行するため彼／彼女が妨害及び抵抗にあった場合、
　　必要な活動を遂行するため窓または扉を破壊または開放するこ
　　と。

　(c) 逮捕状なく、該当する行為を行う者を逮捕、または身体検査
　　すること。

　(d) 該当する家屋、所有地、場所、車両で発見された証拠品を

差し押さえ、領置すること。

(2) 第1項に基づく当該行為の遂行中、警察職員は、可能であれば、地方組織の代表か、さもなければ活動の行われている際にいた者を証人として特定しなければならない。また家屋、所有地、場所、車両の所有者に活動の詳細の写しを供与しなければならない。

8．起訴中の勾留

現行の法律の規定にかかわらず、裁判所は、第4条第1項(d)に定めた犯罪を除き、第4条に掲げるその他の罪で訴追中の被告人の身柄を勾留することができる。

9．立証責任

現行の法律の規定にかかわらず、この法律に従って起訴された者は、その罪を犯していないと証明する証拠を提供しなければならない。

10．別の弁護士を立てる権利

被害者が法廷での審訊において彼／彼女の事件を担当する追加の弁護士を立てたい場合には、彼／彼女はこの法律における罪に対し、別の弁護士に代弁される権利を有する。

11．翻訳及び通訳者に関する規定

この法律に定める罪に対応する裁判所及び役所における使用言語が被害者に理解できない場合には、彼／彼女は裁判所の許可を得て翻訳者もしくは通訳者を確保することができる。

第3章　救出、社会復帰及び和解に関する規定

12．救出に関する活動

ネパール政府は外国で売られたネパール国民の救出のため、尽力しなければならない。

13．社会復帰センター

(1) ネパール政府は、被害者の肉体的・精神的治療、社会復帰及び家族との和解に必要な社会復帰センターを設立しなければならない。

(2) 第1項に定める目的に則った社会復帰センターを設立・運営す

るために、いかなる団体も所定の許可を得ることができる。ネパール政府は当該団体及びその団体により設立された社会復帰センターの定期的かつ効果的なモニタリングを行わなければならない。

(3) ネパール政府は、所定の通り、第2項に従って運営されるセンターに対し、経済的サポート及びその他の援助を行うことができる。

(4) センターは、当該センターにいる人の社会復帰及び家族との和解のために尽力しなければならない。

(5) センターは、医療、コンサルテーション・サービス及びそのための施設を備えなければならない。

(6) 何人も、彼／彼女の意思に反して、センターにいる被害者を働かせてはならない。

(7) 管理、作業基準、センターのモニタリング、技能訓練及び雇用、社会復帰、家族との和解は所定の通りに行わなければならない。

14. 社会復帰基金

(1) ネパール政府は、第13条第1項に定める社会復帰センターの運営のために、社会復帰基金を設立しなければならない。

(2) 第1項により設立された基金は、以下の貢献を受けるものとする。

　(a) ネパール政府から受け取る資金。

　(b) 国内及び国際的団体及び個人から受け取る資金。

　(c) 第15条で定める罰金として受け取る額の半分。

(3) 社会基金の管理及び運用は、所定の通りに行わなければならない。

第4章　処罰及び補償に関する規定

15. 処罰

(1) 第3章に定めた罪を犯した者は以下の通り処罰される。

　(a) 人間を売買した場合、懲役20年及び罰金200,000ルピー。

　(b) 金銭的利益の授受にかかわらず、売春を強いた場合、懲役5

年から 10 年及び罰金 50,000 から 100,000 ルピー。

（c）法で定めた以外に、人の臓器を摘出した場合、懲役 10 年及び罰金 200,000 から 500,000 ルピー。

（d）売春に関わった者は、懲役 1 ヶ月から 3 ヶ月及び罰金 2,000 から 5,000 ルピー。

（e）人間を売買し、売春させる目的で移送することに関わった者に対しては、

　1）人を国外に連れ出した場合、懲役 10 年から 15 年及び罰金 50,000 から 100,000 ルピー。

　2）子どもを国外に連れ出した場合、懲役 15 年から 20 年及び罰金 100,000 から 200,000 ルピー。

　3）国内で人をある場所から別の場所に移動させた場合、懲役 10 年及び罰金 50,000 から 100,000 ルピー。

　4）国内で子どもをある場所から別の場所に移動させた場合、懲役 10 年から 12 年及び罰金 100,000 ルピー。

（f）第 4 条第 2 項（b）に定める搾取を目的とした場合、国内で人をある場所から別の場所に移動させた場合には懲役 1 年から 2 年、また国外に連れ出した場合には懲役 2 年から 5 年。

（g）（e）（f）で定める以外の方法で、第 4 条第 2 項（b）の罪を犯す者に対しては、懲役 7 年から 10 年。

（h）人身売買もしくは移送の罪のそそのかし及び共謀、未遂に関わる者、あるいは教唆者は、当該犯罪に関する最大限の処罰の半分に処する。

（2）第 1 項に書かれた規定にかかわらず、以下の事項に関する処罰は次に準ずる。

（a）同じ者が、利益を得るか否かにかかわらず、売買、もしくは売春させることに関与した場合、彼／彼女は両方の罪に対する処罰に処するものとする。

（b）同じ者が、利益を得るか否かにかかわらず、売買、もしくは売春させることに関与し、かつ第 4 条第 2 項（b）に関する罪に関与した場合、彼／彼女は両方の罪に対する処罰に処するも

のとする。

（c）（b）で定めたものにかかわらず、同じ者が第4条第2項（b）に関する罪、及び利益を得るか否かにかかわらず、売買もしくは売春させる目的で、ネパール国内のある場所から別の場所へ、もしくは国外に人を移送した場合、彼／彼女はそれぞれの罪に対する別々の処罰に処するものとする。

(3) 第3条に定めた罪が、公人により犯された際は、その罪に通常科される処罰に追加し、彼／彼女は25％加重された処罰に処するものとする。

(4) 保護もしくは後見制度の下にある者と第3条に定める罪を犯した者、あるいは被害者が民法の近親姦の章で規定された加害者の血縁者である場合、彼／彼女はこの法律で通常科される処罰に加え、10％加重された処罰に処するものとする。

(5) 第3条に定める罪を繰返し犯した者は、すべての罪に対し、通常の処罰に4分の1加重した処罰に処するものとする。

(6) この事件の審理の過程で、この法律の第5条に定める犯罪の報告に関与した人が、以前の陳述書と異なる主張を行った場合、または彼／彼女が裁判所の呼び出しに応ぜず裁判に出席しなかった場合や裁判所に協力しない場合には、3ヶ月から1年の懲役に処するものとする。

16. 刑の免除

ある人が売買されたり、売春させられたり、もしくはそのような目的のために連れ去られたと信じるに足る正当な根拠があり、かつ彼／彼女がそれらの行為から逃れるための助けを求められない場合、あるいは何者かによって妨害されたり、阻止されたり、支配下に置かれたり、暴力をふるわれたりしていて、彼／彼女がそのような支配下から逃れるのは不可能だと信じ、その結果として、脱出の過程で加害者を殺したり、あるいは傷つけた場合、その者は、現行の法律の規定にかかわらず、いかなる処罰も受けないものとする。

17. 賠償

(1) 裁判所は賠償金を被害者に供与するよう命じなければならな

い。賠償金は犯罪者に処罰として科された罰金の半分を下回っては
ならない。

(2)　被害者が第1項に定める賠償を受け取る前に死亡した場合で、
彼／彼女に18歳未満の子どもがいる場合、その子どもは賠償金
を受け取るものとする。被害者に子どもがいない場合は、扶養さ
れている親がその賠償金を受け取るものとする。

(3)　第2項に従い賠償を受け取るべき扶養されている親や未成年の
子どもいない場合、その金額は社会復帰基金に算入される。

第5章　雑則

18.　財産の押収

(1)　この法律の犯罪の結果として獲得された財産は、動産、不動産
にかかわらず押収されるものとする。

(2)　人が家屋、所有地、場所及び車両をこの法律に定める犯罪に使
用、または供与したと証明された場合、当該家屋、所有地、場所
及び車両は押収されるものとする。

19.　賞金

(1)　人が救出され、または犯罪に関与している者がこの法律に定め
た犯罪の報告書に基づき逮捕された場合、あるいは犯罪が行われ
ると通知した場合、その情報提供者は、第14条で設立された社
会復帰基金から、第15条で定める処罰として徴収された罰金の
10%を奨励金として受け取るものとする。

(2)　第1項に定める情報提供者が複数いる場合、奨励金の額は比例
して割り振らなければならない。

20.　情報提供者に関する秘密

情報提供者の名前、住所及び第19条第1項に定め情報提供者に
よってもたらされた詳細を秘密にしなければならない。

21.　刑の免除

(1)　この法律にある罪を犯したとして起訴された被告人が罪を認
め、警察・検察・裁判に証拠集め及びその他の被告人や教唆者の
逮捕に協力した場合で、彼／彼女が初犯である場合には、裁判所

は当該犯罪に規定された25%まで処罰を減免できる。

　ただしその支援が証拠で証明されない場合、あるいは彼／彼女が警察あるいは検察にその支援に反する供述を行った場合には、現行の法律の規定にかかわらず、事件を登録することができる。

(2) 第1項に定める規定にかかわらず、以下の条件においては、この項に準じ、当該処罰を減免することができない。

　(a) 主犯とされる被告人の処罰の免除

　(b) 子どもの売春あるいは移送に関する事件の場合

　(c) 刑の免除がすでに行われた場合

22. 不道徳行為の罪の主張

　この法律に定める罪に対し裁判所に提出する起訴状を組み立てる中で、検察は被告人が不道徳行為の罪を行ったと主張することができる。

23. 委員会の結成

(1) ネパール政府は、被害者の社会復帰及びこの法律に定めた犯罪を制御するために活動する政府機関とNGOの調整を行うため、所定の通り、国内委員会及び必要な郡委員会を組織することができる。

(2) 第1項で組織された委員会の機能、義務、権力は所定の通りとする。

24. 妨害に対する処罰

　この法律で定めた罪の捜査を妨害した者は、10,000ルピー以下の罰金に処するものとする。

25. 機密情報の拡散の禁止

(1) 被害者の同意なく、何人も実名、写真または彼／彼女に有害となるいかなる情報も出版もしくは放送してはならない。

(2) 名前、写真または第1項に準じる情報を出版もしくは放送した者は、10,000から25,000ルピーの罰金に処するものとする。

26. 安全

　正当な理由を供与し、人が、最寄りの警察署に対し、第5条に基づく警察への報告をしたこと、あるいは裁判で陳述したこと、また

は証言者となったことに対する様々な報復措置に対する警備の要請をした場合、当該警察署は、以下のいくつか、またはすべての保護措置を講じなければならない。

(a) 公判に出席するために裁判所に移動する間の警備を施すこと。

(b) 一定の期間警察の保護下に置く、あるいは置かせること。

(c) 社会復帰センターに留めること。

27.　インカメラ審理

(1) この法律で定めた罪の公判及び審尋はインカメラ方式で行わなければならない。

(2) 訴訟当事者、弁護士、あるいは当事者以外で裁判所の許可した者だけが、第1項に定める公判及び審尋の間、法廷に入ることができる。

28.　政府が原告となる場合

ネパール政府はこの法律の下起訴されたすべての事件の原告になり、かつ当該事件は政府事件法（Government Cases Act, 2049）の付表（Schedule）1に含まれるとみなされる。

29.　規則を策定する権力

ネパール政府はこの法律の目的を実行するための規則を策定するものとする。

30.　廃止及び救済

(1) 人身売買（管理）法（Human Trafficking（Control）Act 2043）は、これにより、廃止される。

(2) 第1項に従って行われ、実行された行為は、この法律に準じて行われたものとみなされる。

〈英語版からの日本語訳：斎藤文栄〉

訳注

1．Rehabilitation は「社会復帰」で統一した。

2．この法律では、Part ○＝○章、Section ○＝○条、Subsection ○
＝○項と訳した。（章＝ Chapter、条＝ Article、項＝ Section とす
る法律が多い）

3．「インカメラ審理」とは、通常、法廷ではなく裁判官室で非公
開審理を行うことを指す。「Camera」とは裁判所の私室のこと。
「In Camera」で「非公開で」という意味になる（*1）。裁判は公
開で行われるのが原則であるが、裁判官が公開で審理を行うこと
が不適当であると判断した場合、非公開で審理が行うことができ
る。日本では「インカメラ審理」はもっぱら裁判所が文書提出義
務を判断するために用いられるが、ネパールではレイプや少年非
行の公判での証人尋問などに「インカメラ審理」が取られる。こ
れは日本の刑事事件における証人の精神的負担を軽減するために
導入された「証人の遮へい」（刑訴法 157 条の 3）あるいは「ビデ
オリンク方式」（刑訴法 157 条の 4）での証人尋問に近いようであ
る（*2）。ドメスティック・バイオレンス法にも同様の規定があ
り、被害者から申し出があった場合にインカメラ審理が行われる
（*3）。

*1　デジタル大辞泉〈https://kotobank.jp/word/〉インカメラ審理
-437186　2016 年 9 月 4 日閲覧

*2　Shiva Puri, 2016. 'In camera' hearing in Nepal courts brings
relief to victims, witnesses, The Kathmandu Post（Nepal）Online
1 August 2016.〈http://www.asianews.network/content/ '-camera'
-hearing-nepal-courts-brings-relief-victims-witnesses-24303〉　2016
年 9 月 4 日閲覧

*3　Narayan Prasad Panther, 2012. SECURING PROTECTION AND
COOPERATION OF WITNESSES AND WHISTLE-BLOWERS IN
NEPAL. Resource Material Series No. 86: United Nations Asia and
Far East Institute for the prevention of crime and the treatment of
offenders. pp. 73-83.〈http://www.unafei.or.jp/english/pdf/RS_
No86/No86_00All.pdf〉2016 年 9 月 4 日閲覧

参考文献

大森恵実　2013.『ネパールにおける人身取引サバイバー女性の社会
　　再統合』、2012 年度 大阪大学人間開発学講座国際社会開発論 修
　　士論文
国際移住機関（IOM）　2009.『人身取引被害者支援のための IOM
　　ハンドブック』、国際移住機関
佐野麻由子・田中雅子　2016.『移住によって潜在能力は発揮でき
　　るか？―ジェンダーの視点で見た滞日ネパール人の特徴―』、
　　KFAW 調査研究報告書 Vol.2015-2.
田中雅子　2014.『当事者団体とのパートナーシップによる包摂型援
　　助のあり方に関する研究：ネパールにおける人身売買サバイ
　　バー団体の成長過程の事例から』、2013 年度 日本福祉大学大学
　　院国際社会開発研究科 博士論文

Danuwar, S. 2016. *Aansu ko Shakti*. Kathmandu: Ghost Writing Nepal.
Fujikura, Y. 2003. "Borders and Boundaries in the Era of AIDS:
　　Trafficking in Women and Prostitution in Nepal", *Studies in
　　Nepali History and Society* 8 (1): 1-35.
Government of Nepal, Ministry of Labour and Employment (GON/
　　MLE). 2016. *Labour Migration for Employment: A Status Report
　　for Nepal: 2014/2015*.
Nepal Human Rights Commission (NHRC). 2012. *Trafficking in
　　Persons Especially on Women and Children in Nepal National
　　Report 2011*. Kathmandu: NHRC.
Nepal Human Rights Commission (NHRC). 2016. *Trafficking in
　　Persons National Report 2013-15*, Kathmandu: NHRC.
NGO Federation of Nepal (NFN) 2012. Three-Year Strategic Plan
　　October 2012-September 2015, Kathmandu: NGO Federation of
　　Nepal Central Executive Committee.

Oliveira, Natalie de. 2014. Radiant Women: An exhibition celebrating Women Fighting against Trafficking. Planète Enfants.

Ploumen, L. 2001. "Mama Cash: Investing in the future of women", *Gender & Development*, 9(1): 53-59.

Pradhan, A., Poudel, P., Thomas, D. and Barnett, S. n.d. A review of the evidence: suicide among women in Nepal.

Poudel, M. 2011. *Dealing with Hidden Issues Social Rejection Experienced by Trafficked Women in Nepal.* Saarbrücken: LAP LAMBERT Academic Publishing.

Shakti Samuha.

    2005. *Annual Report 2004.* Kathmandu: Shakti Samuha.

    2008. *Shakti Sandesh: Voice of Shakti Samuha against human trafficking*, Kathmandu: Shakti Samuha.

    2011. *Annual Report 2010.* Kathmandu: Shakti Samuha.

    2012. *Annual Report 2011.* Kathmandu: Shakti Samuha.

    2013. *Annual Report 2012.* Kathmandu: Shakti Samuha.

    2015. *Annual Report 2012.* Kathmandu: Shakti Samuha.

Tanaka. M. 2016. "A Women's NGO as an Incubator: Promoting Identity-Based Associations in Civil Society of Nepal", Schwabenland. C., Lange. C., Onyx, J. and Nakagawa, S. eds. *Women's emancipation and Civil Society Organisations: Challenging or maintaining the status quo?.* Policy Press, 185-207.

Terre des hommes Foundation (TDH) and Shakti Samuha 2012. *Procedures for Safety and Personal Protection: Transportation during repatriation or between in-country venues*, Kathmandu: Shakti Samuha and TDH.

Thakali, H. and Nepal, T. R. 2008 *Shakti Samuha Review Report: Evaluation of the "Empowering Girls and Women for Prevention and Protection from Trafficking" Project*, Kathmandu: Save the Children Norway.

Theis, J. 2004. *Promoting Rights-Based Approaches: Experiences and*

Ideas form Asia and the Pacific. Hanoi: Save the Children Sweden.

Universal Law Publishing. 2016. New Minimum Rates of Wages in Delhi w.e.f. 1-4-2016. As per Notification F. No. 12 (142)/13/MW/Lab/3998 dated 31st March, 2016 with Minimum Wages Rates Ready Reckoner 1980 to 2016.

U.S. Department of States (USDOS)

2005. *Trafficking in Persons Report 2005*.

2006. *Trafficking in Persons Report 2006*.

2007. *Trafficking in Persons Report 2007*.

2008. *Trafficking in Persons Report 2008*.

2009. *Trafficking in Persons Report 2009*.

2010. *Trafficking in Persons Report 2010*.

2011. *Trafficking in Persons Report 2011*.

2012. *Trafficking in Persons Report 2012*.

2013. *Trafficking in Persons Report 2013*.

2014. *Trafficking in Persons Report 2014*.

2015. *Trafficking in Persons Report 2015*.

2016. *Trafficking in Persons Report 2016*.

WOREC

1994. *Annual Report 1992/03*. Kathmandu: WOREC.

1998. *Annual Report 1997*. Kathmandu: WOREC.

1999. *Annual Report 1998*. Kathmandu: WOREC.

田中雅子
上智大学総合グローバル学部教授。
博士（開発学）。専門はジェンダー論、国際協力論、
NGO/NPO論、南アジア研究。
主な著書：『移住によって潜在能力は発揮できるか？
——ジェンダーの視点で見た滞日ネパール人の特徴—』
（佐野麻由子と共著、公益財団法人アジア女性交流・
研究フォーラム、2016年）、"A women's NGO as an
incubator: promoting identity-based associations in
Nepalese civil society", Schwabenland. C., Lange. C., Onyx,
J. and Nakagawa, S. eds. *Women's Emancipation and
Civil Society Organisations: Challenging or maintaining
the status quo?* (Policy Press, 2016)

ネパールの人身売買サバイバーの
当事者団体から学ぶ
——家族、社会からの排除を越えて

2017年5月10日　第1版第1刷発行

著　者：田　　中　　雅　　子
発行者：髙　　祖　　敏　　明
発　行：Sophia University Press
　　　　上　智　大　学　出　版

〒102-8554　東京都千代田区紀尾井町7-1
URL：http://www.sophia.ac.jp/

制作・発売　㈱ぎょうせい

〒136-8575　東京都江東区新木場1-18-11
TEL 03-6892-6666　FAX 03-6892-6925
フリーコール　0120-953-431
〈検印省略〉　URL：https://gyosei.jp

©Masako Tanaka, 2017
Printed in Japan
印刷・製本　ぎょうせいデジタル㈱
ISBN978-4-324-10261-9
（5300265-00-000）
［略号：（上智）ネパール人身売買］
NDC分類 368.4

Sophia University Press

　上智大学は、その基本理念の一つとして、
「本学は、その特色を活かして、キリスト教とその文化を
研究する機会を提供する。これと同時に、思想の多様性を
認め、各種の思想の学問的研究を奨励する」と謳っている。
　大学は、この学問的成果を学術書として発表する「独自
の場」を保有することが望まれる。どのような学問的成果
を世に発信しうるかは、その大学の学問的水準・評価と深
く関わりを持つ。
　上智大学は、(1) 高度な水準にある学術書、(2) キリス
ト教ヒューマニズムに関連する優れた作品、(3) 啓蒙的問
題提起の書、(4) 学問研究への導入となる特色ある教科書
等、個人の研究のみならず、共同の研究成果を刊行するこ
とによって、文化の創造に寄与し、大学の発展とその歴史
に貢献する。

Sophia University Press

One of the fundamental ideals of Sophia University is "to embody the university's special characteristics by offering opportunities to study Christianity and Christian culture. At the same time, recognizing the diversity of thought, the university encourages academic research on a wide variety of world views."

The Sophia University Press was established to provide an independent base for the publication of scholarly research. The publications of our press are a guide to the level of research at Sophia, and one of the factors in the public evaluation of our activities.

Sophia University Press publishes books that (1) meet high academic standards; (2) are related to our university's founding spirit of Christian humanism; (3) are on important issues of interest to a broad general public; and (4) textbooks and introductions to the various academic disciplines. We publish works by individual scholars as well as the results of collaborative research projects that contribute to general cultural development and the advancement of the university.

**Learning from a Human Trafficking
Survivors' Organisation in Nepal:
Overcoming Social Exclusions from Families and Societies**

© Masako Tanaka, 2017
published by
Sophia University Press

production & sales agency : GYOSEI Corporation, Tokyo
ISBN 978-4-324-10261-9
order : https://gyosei.jp